你可以當人，可是

你終究是　神　因爲

你是「我」的

永生

心魔　著

自序

　　心魔很想浪漫的推理：這個世界有一個神，冷眼旁觀地看著世人慢慢地開啟智慧，然後知識創意爆炸、智慧散射碰撞、思想辨證應用……，這些衝擊的火花像拼圖般，一片一片地將黑暗無聊的宇宙拼貼出繽紛璀璨……

　　……的其中一張，然後，神……

　　……對它點頭微笑。

　　心魔沒有什麼使命感，隨便一首老歌就能讓心魔沉淪，牆上映照的婆娑葉影都能讓心魔出神忘我，精采的電影、歡樂的視頻，最重要的是一個一個神祕又有趣的Server，每個Server都有豐富的故事，所以心魔當不了痛苦的蘇格拉底。

　　但是心魔也不想當一頭快樂的豬，而且我也知道你的痛苦不會比蘇格拉底少，所以順了「我」的希冀，把心魔的發現留個記錄，希望心魔的下一個「我」（也是你的下一個「我」），能夠瞭解「我」的圓滿及覺悟，不要讓痛苦只是痛苦、無奈只能無奈，因爲他也會是「我」的永生。

　　本書觀點只是心魔的「發現」，並不是「發明」，又或者說應該早已經有人發現，只是彼時彼地或許不見容於世人，此時此地是否能被接受？心魔得試試。心魔只是一個平凡的路人，一個在亂數法則下透過體驗苦樂與辨證思想的覺悟，意外發現一直搞不清楚的「我」原來是這麼一回事，用最原始而且孤獨的「神」的角度來思考，一切說不通的事情似乎都得到了解釋。

然而，屬於心魔的解釋，不見得與你的生活經驗相同，那也不是「我」要的。生命的背景與主、客觀條件以及智慧撞擊點的差異，不需要為不同的解釋感到憤怒或沮喪，蘇格拉底說：「沒有經過檢視的生命不值得活」，很多人因此懷疑自己存在的意義，這個你不用擔心，**生命隨時都在檢視你**，這本書也會提供你檢視生命的工具。所以，屬於你的「解釋」或說是「認知」，有非常大的機率會因為你自己不同的年齡、際遇、環境變動與意外等，產生「解釋」上的更新，你只需要確認你是用「神」的角度來看待這些事件，你擁有這個本能，不需要懷疑，當然需要一點適應的時間。

　　這就是為什麼我用「心魔」這個名字來告訴你「你是神」這件事，名字對我來說已經沒有在乎的價值，不用在意後人怎麼評價，那對未來的「我」沒有實質的影響。對你來說，你需要面對你的「心魔」，你的「神性」已經被「世俗」、「宗教」、「制度」、「道德」、「種族」甚至是「教育」層層封印，這些潛移默化導致的潛抑（Repression），不使用「心魔」當工具沒有辦法幫你破除這些層層的封印，當你覺悟為「神」及「我」的永生那時候，便是超越「心魔」，走出「心魔」，你就不再需要「心魔」了，這時，記得找面鏡子來看，然後……

　　……對他點頭微笑。

LDTTLKEPRG

目錄

你／我是唯一的神

　　這樣的標題是不是太囂張又不合邏輯？如果你能耐心地看完這本書，希望你可以體諒這已經是很含蓄的寫法了；至於邏輯的部分，你和我明明是兩個人，為什麼是「唯一的神」？繫好你的安全帶，我們準備要起飛了（請假裝你有安全帶，謝謝你的配合）。

　　在起飛之前，有個人稱細節又要請你體諒一下，你會發現心魔都是用「你」而不是用「您」或是「祢」，這裡先說一下「神」的宇宙觀是萬物平等，人世間那種高來高去的逢迎或制式的「禮貌」在這裡不適用，會有牴觸，這一點要請你適應一下，「請」字還是會用，用來緩和命令式的語句；另外當我會用到「你」，這包含「你」和「妳」，「他」也就包含「他」跟「她」，我不想打「你/妳」及「他/她」，這樣太刻意，「人」字旁本來就沒有分性別，也就沒有性別歧視，這一點就讓我偷懶一下。

　　這本書會提供你100道檢視的題目，沒有標準答案，讓你記錄你在不同時期的觀念變動，你可以十年Review一次，或五年，或在人生有重大轉折時，這裡預設三次的記錄，你也可以自己加，就像你會記錄你的身高、體重或血壓等，為什麼不記錄你自己「神的心率」呢？

第一次檢視日期	第二次檢視日期	第三次檢視日期
／／	／／	／／

第一章
我是誰？

如果你曾懷疑過這個問題，不用懷疑，恭喜你，你有哲學家懷疑的能力，你已經是痛苦的蘇格拉底了，至少曾經是，如果你覺得現在的你比蘇格拉底還痛苦，不用擔心，你還沒到「底」。

你是「我」的永生啊！書名都寫了。

那麼「我」是誰？如果你會這麼問，再恭喜你，你能發現〝我〞跟〝「我」〞的差異，你已經有哲學家與科學家的「符號辨識」及「差異邏輯」能力，知道「我」並不是指心魔，你已經進入痛苦的第二層了。

這裡心魔先測試你，請你唸一下這句話：

「在我之前誰是我？在我之後我是誰？」

這裡稍微停一下，想個三秒鐘就好。

你的腦筋在思考了嗎？恭喜你，我一定要恭喜你，不管你有沒有想出答案（三秒鐘是能想出什麼答案），只要你看得懂並動了思考，表示你進行了邏輯推理的能力，你已經進入痛苦的第三層。心魔不是在跟你說練瘋話，因為螞蟻看不懂、蒼鷹也看不懂、海豚無法組合這個問句、猩猩也只會呆呆的看著你，除了「人」以外，地球上沒有任何生物能夠組合這個問句並思考然後推理，更不用說理解這個「前、後」是指所謂的「前世、來生」而不是方位上的前後，即使在地球以外的某個星球有生物，也不見得能夠對這個問句產生反應。

所以，你依舊認爲「人」只是單純在地球上的一個物種嗎？

　　回到「我」這個話題，由於「我」是最主觀的存在，也是絕對必要的存在，沒有「我」，其他客觀條件毫無意義，所以就會有很多不同時空的「我」，也就是說「我」不是一個人，而是每個「我」的集合，這裡讓心魔稍微簡單的展開並歸納一下：

所有我的集合

　　{第一個我，第二個我，……，上一個我，現在的我，下一個我，下下一個我，……，∞的我} ＝ {＊我}

　　上面這個集合稱爲「所有我的集合」，等號前面是數學的集合排列，等號後面是用電腦程式的正規表示式來精簡呈現，那個「＊」是「所有的」的意思。

　　釐清一下，{＊我}是所有「我」的集合；而{我}是用來表示原生的第一個「我」，當這個獨一無二的{我}出現時，整個集合符號裡就只有他，所以用{我}在狹義上來表示「原生的我」，用〝「我」〞來代表廣義所有的「我」，包含「神」。

　　請盯著「所有我的集合」反覆看三遍，有沒有看到令人毛骨悚然的事情發生了，這集合式條列出來，出現了三個令人驚訝的事實：

　　1.「我」存在在各個時空，也就是「我」實現了穿越，

你終究是神，
因為你是我的永生

「我」就如同「神」一般的存在，存在於過去與未來。

2. 對心魔這個我來說，「我」是單線式的延伸，如果把「我」置換成任何一個人的「我」，等於「我」是多線式延伸，不是只有「神」才能實現無限分身？那麼「我」還不是「神」嗎？

3. 「∞」代表了無限的永恆，這不就是人類一直在追尋的「永生」。

神的進行式

「時空穿越」、「無限分身」和「永生」，這些都是你正在做的事情，或者說你現在就是**「神的進行式」**，說得這麼直白是不是讓你覺得太快了？才第一章三頁不到就把全部都講完，還來不及有感覺就一切都結束了？這麼簡單讓你一下就懂了？

且慢！心魔要給你的不是「答案」，我的目的也不是要說服你，「我」希望你養成思考的習慣及懷疑的本能，懷疑不是神經質那種，而是透過「懷疑」來重整原本的理解，用懷疑來檢視未曾受檢視的知識或檢視不同面向的經驗，經過檢視的知識及經驗就會被大腦「模組化」打包存放在放在「活動記憶庫」（Migrating Memory）並附上索引關鍵字以便存取，如此你就可以組建自己的中心思想，有自己的中心思想就像是穩固的宮殿基座，你就不會慌亂、不會疑惑也不會恐懼，就算哪一天你要「改建宮殿」，只要你把這些模組拿出來拼接，你便可以快速套入重建基座及宮殿的模式（偷偷預告，心魔說的宮殿其實指的是你們所謂的「天堂」、心魔認為的「圓滿」，所

以有趣的還在後頭）。

而且當你在懷疑時，表示你有在動腦，西方國家的教室裡發問的情況會比東方國家踴躍，這表示不但是學生想要得到「真正的瞭解」，也逼迫老師要更精進學問，所以當你的小孩一直問你「為什麼」的時候，表示他想得到「真理」，你應該感到欣慰並趕快偷偷地上網查詢把答案給他或教導他如何查詢，如果你表現得不耐煩，這會毀掉他對「真理」的興趣，也毀掉你在他心中的形象。

抱歉離題了。還有，不要把心魔貼上「懷疑論學派」或是「Ego學派」的標籤，心魔頂多是「工具利用論」的旅遊者，講一個罕有人聽過的來標新立異，呵呵！

所以心魔希望你建立你自己的思考邏輯及中心思想，那麼你就會發現前面集合式所衍生的「時空穿越」、「無限分身」和「永生」其實並不完備，畢竟那只是概述而不是詳解，雖然心魔會在後面的章節陸續補強，但從你的生命經驗一定會發現這裡面有衝突，不要被幾個術語就唬得一愣一愣，你一定要把「衝突」抓出來，提出質疑並驗證，那樣的結論才會是真正屬於你的，這才是「我」想要的。

不好意思，要你去懷疑又要你去思考，還要打地基，等於直接就帶你到痛苦的第八層，一個「我」就已經頭大了，現在還多了以前和未來的「我」，痛苦也立體了起來。

好啦！不開玩笑，這第幾層只是想表達層次，不是什麼內功心法，不需要你花時間研究，你應該也看得出來，心魔一直在跟你對話，想要透過對話來建立友好關係，關係建立是為了將「我跟你的對話」引導到「你跟你自己的對話」，**你得跟你自己對話，你才能瞭解你自己，你不瞭解你自己＝「我」，你就無法覺悟你就是「神」**，你可以懷疑心魔所講所寫，心魔

也希望你這麼做，因為接下來的內容仍然是跟你的生命經驗大相逕庭，心魔說過我的目的並不是說服你，而是讓你自己去思考，提供你更多的面向去看世界、去看必然、去看你自己，你可能是無神論者，或是已經有了信仰，或是早已參憚悟道、了脫生死，心魔希望你能給「我」一個機會，真正去認識一下「我」，因為那個「我」廣義上也等於現在的你，也會是未來的你，當然也會是未來的我，這也是心魔必須下海的原因。

　　我是誰？我從何而來？我的人生目的是什麼？我為什麼要看人臉色？我為什麼總是在孤單邊緣？我為什麼被病魔纏身？我為什麼要被家庭束縛？我為什麼總是失敗？我為什麼有金錢有外貌卻遇不到真心人（真欠扁）？……

　　如果心魔跟你說，因為你是**「我」「自由行」**的遊歷啊！是不是想扁我？你是不是想說：「『我』那麼神，怎麼可能選擇一個這麼爛的行程！這個話只有功成名就的人才會相信吧！」

　　嗯！那就讓心魔從頭說起吧！

　　最初的「我」＝｛我｝，是全宇宙第一個以第一人稱視角接觸世界，有自我意識（Ego）的生命體，他甚至幾乎沒有智慧。

　　｛我｝可能是地球上幾十萬年前的「智人」，或是幾百萬年前某個初生的靈體，也不排除是幾億年前不限定在地球的「外星人」。

　　所以你能體會｛我｝有多麼痛苦嗎？他有自我意識，他想表達，但沒有語言，更不用說文字，怎麼比手畫腳也沒有人看得懂。當｛我｝與尚未有自我意識的人類結合而生下的後代，這些後代不見得馬上就擁有智慧，可能歷經好幾代，第二個有

自我意識的「我」誕生，人類從生存法則中獲取了經驗，這些經驗用疊石結草來記錄，慢慢的圖畫出現了，符號出現了，在這中間，人類把經驗傳承轉換成了智慧，越來越多的人有了自我意識，大家建立了共同的溝通模式，這個溝通模式建立在語言乃至後來的文字，不再單靠臉部的表情來表現喜怒哀樂，不像貓只能用弓起身子表示警告，也不像狗只能用搖搖尾巴表示開心，人類情感與知識豐富到可以用詩詞歌賦來流傳，這是地球上其他動物都辦不到的。

所以，我是誰？我從何而來？我的人生目的是什麼？

你可以宅，也可以選擇躺平，但其實……

你是｛我｝的永生；

你是｛我｝的自由行程；

你是來創造連你自己都覺得不可思議的精采。

神性視角

不可能嗎？心魔不是來賣雞湯的，也不是阿Q勝利法的倡導者，心魔只想喚醒你的神性，這裡順便介紹第一個神性：「具有智慧的第一視角」，即「神性視角」，套用存在主義論述，當心魔在打這些字時，我正在以第一人稱視角主動選擇材料、將知識經驗做存取連結，並以文字組合按照溝通形式（Form）排列。

同樣的，當你在看這些字的時候，你也正是以第一人稱視角主動配對材料、讀取並按溝通形式解構文義，在你的記憶資料庫做經驗比對，甚至加入邏輯判斷，計算心魔寫的是否具有記憶存放價值？是否有破綻？是否有經驗契合或衝突？

你終究是神，
因為你是我的永生

不用懷疑，你的大腦做了非常複雜的運算，你覺得稀鬆平常，但對其他動物來說，層層障礙，難如登月，那是因為你的腦子裡有不可計數的高維度量子世界（四維以上，最後會介紹），你如果不去用它，那就像進到高級Buffet餐廳卻只夾了一盤炒麵，實在太可惜了，不過別擔心，你現在吃得正起勁。

所以在每個章節後面會有幾道檢視，這些選項沒有正確答案，可複選，甚至你可以自己加，如前面所寫，心魔的目的並不在說服你，而是提供你其他的角度去刺激你的思考，甚至你自己會有更跳躍或更跨界的思考，只是平常沒有記下來，這些題目會從你的角度來切入，所謂檢視是因為未來還要重做並做比對，如我在自序提到，記錄神的心率變化以及你自己的變化，這是要破解你身上六道封印的工具，以魔喚神（這是比喻，如以邪喚正、以惡喚善，跟神魔無關，這裡還是要先解釋「正、反」如「陰、陽」，彼此相生相隨，切勿以表相為相，後面再述），叫「心魔工具」，請享用。

【第1道檢視】

我認為我存在的目的是……

A. 在戰爭與飢荒中委求生存，在絕望與黑暗中等待光明；

B. 努力工作賺錢，買房買車買名牌，成為眾人羨慕焦點；

C. 為往聖繼絕學，為萬世開太平；

D. 傳宗接代；

E. 追求真愛、追求幸福、追求夢想、實現理想；

F. 超越_____的極限、探索_____的本性、發現_____的無限；

G. 其他_____。

第一章
我是誰？

第一次檢視選擇	第二次檢視選擇	第三次檢視選擇

【第2道檢視】

如果我是以隨機的角色出現在這個世界，這代表……

A. 六道輪迴是假的，善有善報也是假的；

B. 沒有神在管理轉世這件事，所以無神論成立；

C. 表示以前的我當過男性也當過女性，當過各種膚色的人，甚至大部分角色都是底層被壓榨的人物角色，如果我有性別或種族或階級歧視，也等於是歧視過去的我，更等於歧視未來的我；

D. 表示未來的我有一半以上的機率會出生在貧窮或戰亂或飢荒的國家，因為富裕和平的國家因晚婚、不想生、生不起或因環境污染生不出來導致生育率才1%出頭，貧窮、戰亂、飢荒國家的生育率都在3~6%，難怪要害怕死亡；

E. 其他_____。

第一次檢視選擇	第二次檢視選擇	第三次檢視選擇

【第3道檢視】

如果現在這個我的角色是我在天堂自己選的，這表示？

A. 看起來是前世表現不好，所以沒什麼可選擇；

B. 我在天堂表現不好，被貶到人間接受懲罰；

C. 這個角色一定有什麼特點可以發揮，所以我才選他；

D. 不成立，這個角色爛透了，我才不會做這種選擇；

E. 這個角色太棒了，有遊歷不完的風景、有吸收不完的知識、

有欣賞不完的戲劇、有發掘不完的樂趣，讚；

F. 其他_____。

第一次檢視選擇	第二次檢視選擇	第三次檢視選擇

【第4道檢視】

如果現在這個我的角色是我在天堂由神幫我決定的，這表示？

A. 原來天堂與地獄都在地球；

B. 神應該有派什麼任務給我，藉此要我克服障礙、要我增廣見聞、要我明心見性、要我創建新世界；

C. 神要我堅貞信仰、信守道德、助人行善、扶困濟貧；

D. 其實這個神是外星人，要不然他不會總是不露臉，他拿人做實驗以收集各項成長數據，就像人拿小白鼠在實驗，人類終究逃不出地球這個實驗室；

E. 其他_____。

第一次檢視選擇	第二次檢視選擇	第三次檢視選擇

【第5道檢視】

如果在進入這個世界前，神跟我說有四種人生可以讓我選擇，分別是國王、英雄、公主和平民，我會選擇誰？

A. 國王，因為他最有權勢。

B. 英雄，因為他活得精采。

C. 公主，因為她什麼都不需要煩惱。

D. 平民，因為其他角色都在為別人而活……，其實是前三志願

太多人搶，要抽籤沒抽到；或是神認為我的意願不夠強烈，不願把前三志願分給我。

E. 角色是從我進入世界後由_____決定。

F. 其他_____。

第一次檢視選擇	第二次檢視選擇	第三次檢視選擇

我＝神＝你

這是自卑型自大嗎？「我＝神＝你」，聳動的標題，先補個「我＝＝神＝＝你」讓程式設計師平緩一下。安全帶還繫著吧！

上一章的題目是不是讓你覺得很混亂？到底「我」是隨機產生還是有一個「規律」的安排？在沒有更積極的證據出現之前，挑一個你喜歡的答案，不需要太痛苦，看看書記錄一下而已。

在第一章提到了你就是「神」的進行式，「時空穿越」、「無限分身」和「永生」都是神的「能力」，那麼你會說那是神的能力不是我的能力啊！

確實，因為那三個能力不是你現在能感受得到的，那是以「我」必定是以第一人稱視角呈現用集合公式推論出來，而且心魔也沒有辦法證明所有的「我」彼此之間的關聯，甚至可以說這些「我」之間必須存在著「不相關聯」，才能接續彼此的「關聯」。矛盾很大是吧！這一段請容許心魔在「永生」的章節再來介紹。

要讓你接受你就是神這件事確實很困難，而且把「我＝神＝你」中間的神去掉，就變成「我＝你」，這更是荒唐、離譜。

上千公噸的飛機在天上飛荒不荒唐？一片指甲的面積可以容納相當於上億顆電晶體的晶片離不離譜？

實體的我當然不會等於實體的你，精神層面我們也不相同，「我＝神＝你」是指「我是神」並且「你是神」，但是在**「我」是絕對主觀意識的唯一存在**，所以這個世界只有一個「神」，而這個「神」就是稱呼自己為「我」的那個人，所以「我＝你」不但不荒唐，還非常合理，因為你的發語主詞一定是用「我」，例如：「我叫某某」、「我想問個路」、「我要點一號餐」……

神的「時空穿越」、「無限分身」和「永生」能力本來就不是想施展就能施展，那是需要條件才能成立，這些你感受不到，不用擔心，神還有很多能力與特質，這一章就先講「創造」的能力。

神造人或人造神？

「創造」是神的能力嗎？是？因為神造天地又造人？

蜘蛛結網、蜜蜂築巢也是「創造」囉？

是，青蛙下蛋、懷孕生產都是創造，不過心魔要說明的是「藝術性的創造」。

宙斯、孫悟空是人創造的；魯夫、蜘蛛人是人創造的；

戰艦、太空梭是人創造的；長城、金字塔是人創造的；

歌劇、詩詞賦是人創造的；晶片、電動車是人創造的……

我們可以看到「人創造」的足跡，但是看不到「神創造」的足跡，所以，你還會認為世界是「神」創造的嗎？

我相信這個世界是神創造的，所有不可思議的一切都是神創造的，我也希望你相信，因為人以為人是人，但其實人就是神。

你終究是神，
因為你是我的永生

24

「不對啊！在人類之前還有恐龍，恐龍不可能是人類創造，只能是神創造的」，沒錯，恐龍不是人類創造的，那麼恐龍信仰神嗎？還是就是因為恐龍不懂信仰神，所以神一氣之下滅了恐龍？這些恐龍全都下了地獄？神這麼玻璃心？神怎麼不直接創造人卻先創造恐龍？神的審美觀這麼差？

尼采有「超人」（Übermensch）的理論，但現在的人不但實現了「超人」，可以說已經具有「超神」的能力，不單是因為知識爆炸，更因為「網路」實現了「超級外掛大腦」，這個虛擬的「雲」，任你存取你想要的、你好奇的、你未知的及燦爛眩目的火花。

大部分的人對自己都非常沒有信心，或者說我們一直以來都相信有眷顧我們的神或是科技高於人類的外星人，所以英雄及超人電影總是能熱賣，我們總會幻想擁有神力或超能力，因為那太酷了，造型酷、動作帥，拯救弱小，受人敬仰，看久了之後，我們就認為自己不夠帥或不夠美或不夠型就是低人一等，所謂成功的人總是鳳毛麟角，也就是大部分的人都會認為自己是平凡的廢材，忘記電影裡的每一畫面都是設計出來的，我們的人生是持續的，沒有被剪輯、沒有背景音樂、沒有暢銷歌手的歌聲、沒有特寫、沒有慢動作鏡頭中飄逸的秀髮、沒有洗腦式的廣告、沒有贊助商……

發現套路了嗎？你不曾看過神造人，但你一定看過數不盡的人造神。

商業活動可以扶植一個巨星；政治活動可以塑造一個領袖；宗教活動當然也可以創造一個神，那麼你想成為一個巨星還是一個領袖還是一個神？

其實你不用選，悄悄告訴你，巨星會殞落，領袖會下台，神不會殞落也不會下台還能受人敬拜，最精采的是你本來就是

神。

你一定覺得心魔胡說八道，並且想說要受人敬拜應該是百年後的清明節吧！當一個魯蛇不被唾棄就偷笑了，還想被人敬拜？

先問你，你覺得你自己有沒有「神性」？

大部分人會說有「神性」啊，但同時也有「人性」跟「魔性」，所以綜合起來才成為人。

這樣的說法也不能說有錯，我們常會看到影集裡，主角有了個很掙扎的困擾，這時就會冒出一個黑魔鬼出來支持主角邪惡的想法，然後白天使就會出來告誡主角應該要堅守正義與道德。所以看起來人同時存在「神性」、「人性」和「魔性」非常合情合理。

以下我們用三個角度來研究到底是神造人或人造神？

1. 「神性」與「魔性」是神給人類的。

2. 「神性」與「魔性」是外星人的研究。

3. 「神性」與「魔性」是與生俱來的。

如果是1的話，神為什麼要這麼做？如果說是要堅益人類的心志、信仰與道德，這會有點牽強，因為你要人類去信仰一個看不到的神，就像宅男在社群軟體一直收到富家美女的對話及照片，要邀美女見面卻總是被藉口推拖，所以神是要測試人類的堅貞程度？還是要測試人類到底有多笨（正確說法是人類要測試人類有多笨）？如果是要死了才見得到「神」，那這是整人吧！「神」這麼調皮？

如果是2的話，起碼比1合理，就像人類實驗要調配多少劑量的致癌物才能使白老鼠致癌，外星人測試不同魔性含量的人在各類外在條件刺激下的魔性反應，並且觀察神性/抗體的激活程度；或是外星人純粹只是把觀察人類的掙扎交戰當作是一個

有趣的娛樂節目，因為外星人都已經是程式化、標準流程反應化，他們對於這種「量子糾纏」感到興趣？如果是這樣，那表示外星人對於「神性」、「人性」和「魔性」並不瞭解，他們可能只是「高科技程式機體」，並不是「神」的等級。

　　所以「神」的出現是因為人們有需要，不論是心靈慰藉、期待對善惡獎懲、對未知的敬仰、創作的題材、搶代言人發言權乃至侵略的藉口及統治的需要，**「神」根本就是被人利用的「工具」**，因為恐懼的存在，所以人類需要「神」，在創作神的同時或許是「神性」使然，但更多的是「魔性」的驅使，也就是說3這個選項正是印證人類自古以來就存在著超越「神」的能力，只要你會利用「神」，就像你會利用「火」。

　　在這裡打住一分鐘，把前面這一段關於人的「神性」與「魔性」是天生的說明再看一遍，看看有沒有什麼發現？

　　是的，心魔也在「利用神」、「利用魔」，不管你看不看得出來，只要你看得懂，你就是有慧根。只不過心魔的利用最後是誰得利？有慧根不用開心，最後還是要看造化，只要你悟到了，受不受人敬拜你都會會心一笑。

　　讓我們再回來討論到底是神造人還是人造神？代入一下，如果你是神，你會創造什麼樣的人類？你既然是神，「人」這個作品一定是完美的，因為是你用心捏造的。再換個角度想，沒有人看到神造人，也就是人類「腦補」神創造人，人類進行了「創造」，也就是人類做了神在做的事。

藝術性創造

「藝術性的創造」是「神的領域」裡相當特殊的能力。這裡先說明一下這個「神」並不是指「歌神」、「廚神」、「匠神」……這一類「被他人肯定的封號」，而是指每個人**與生俱來的「神性」**，這個「神性」正是用來區別人與動物之間的差別。

再來心魔得先定義「藝術性」，這個「藝術性」包含兩個元素：美與思想精神。

要不要反駁一下，戰艦和晶片哪來美與思想精神？

請你一定要有個觀念，在「神的領域」，「過程」絕對比「結果」來得重要，因為「結果」已經定型了，「過程」充滿了無限的「未知」與「變數」，這個「未知」與「變數」正是人類一直不斷精進的原因，才會需要藉由「實驗」來找出「未知」與「變數」。

所以成品本身從廣義的角度來看，只要是完成品，它就是藝術品。只是心魔也沒有辦法接受廣義到槍枝、手榴彈是藝術品，並不是這些東西帶來混亂與恐懼，而是擁有它們的人通常是強勢者，恃強凌弱，就談不上美更不用說思想精神。當然基努李維拿著槍是酷帥到爆表，不要幻想你拿著槍也很酷，因為你的人生不會有豪壯的背景音樂，更不會有Slow Motion，你稍微慢動作一下，帥表還沒爆身體就先爆，然後就可以親吻地板了。

一個成品必須要有人欣賞並賦予思想，才能說具有藝術性，因為「美」是主觀認定，欣賞的人不需要是別人，創作者自己認為美那就夠了。

其實「美」不單是外表供人欣賞的美，舉凡理論的結合、

動力的實現、設計的思維、夢想的過程，都會有美的意涵，例如：

十萬噸的航空母艦能浮在水上，這是鑄造工藝與浮體力學結合的科學之美；

太陽能轉換成電能、風力轉換成電能，電能再轉成動能運用，造就便利之美；

空間的運用與規劃，大到摩天大樓小到電子晶片，材料選擇、安全設計、動線規劃、風險評估、功能需求與比例配置成就的極緻之美；

甚至在思想上的邏輯組織與建構、對目標的憧憬與期待、自我修正的重現與反饋，這些都是人類追尋存在價值的希望之美……

美的項目太多了，甚至一個人就有很多種美，更完美的是人還有思想精神，創造並建立了科學、哲學、神學、醫學、電子學、材料學……，太多了，每個學科又有不同系統或分支派別，知識大爆炸，有人會認為心靈層面的智慧會因知識的傲慢與偏見而逐漸匱乏，甚至有一學說是知識只要一本就夠了，一本就是丰臬，太多只會讓你不知所從。

心魔倒不這麼認為，相反的，每一個知識都在對你衝擊，衝擊不是要傷害你，是嘗試要和你的生命經驗做連結，你所建立的中心思想會判斷新的思維合不合理？要不要接受或調整？智慧便是在生命經驗不斷的被檢視而成長，檢視出來的結果不論為何都不具有對與錯的選項，**錯誤只會出現在拒絕接受檢視的時候**，中國封建時代的皇帝都還曉得「下詔罪己」，現在呢？這種情況最常出現在發生了問題，而我們會直覺認為一切都是別人的錯……，都是你，害我岔題了。

回到「藝術性創造」這個能力，我們在觀賞藝術創作時，

通常都會有這個創作的標題，例如〈蒙娜麗莎的微笑〉、《紅樓夢》，給予作品名字，也等於給予作品靈魂，有心的觀賞者會去研究創作者的藝術手法乃至不同時空背景的作品差異，以及創作者想要從作品中表達他的理念或精神。

對於創作者來說，作品已完成，這個作品的「藝術性創造」完成並結束，但對於觀賞者來說，觀賞者會再加上自己的看法，從作品的用色、明暗、角度、背景……等或用字、起伏、隱喻、排句……等，對作品附加屬於自己認知的美及屬於自己詮釋的思想精神。例如達文西畫作〈最後的晚餐〉，有人會認為從桌上的食物及出現女性角色還有窗外白晝的情況來看，這應該是〈耶穌復生後的餐會〉。

心魔要討論的不是〈最後的晚餐〉還是〈復生後的餐會〉，「結論」是自由心證，個人對於作品賦予第二次生命，公婆各自說理，爭辯無益，你要在意的是創作者的「用意」及觀賞者的「在意」，然後你要試著「代入」，如果你是創作者，你會像達文西這麼做嗎？你會再加入其它屬於自己的意象嗎？創作者是刻意還是疏忽？你會刻意還是疏忽？

創作者的用意就是要和觀賞者對話，只要是個人創作，創作的過程都是非常孤獨的，就像是「第一個我」，他所有的話都在作品裡，你能「聽」到多少呢？

當然也有不在意觀賞者的「在意」的創作者，儘是畫一些自畫像、椅子和向日葵，在當時，誰會去買一張畫風怪異而且耳朵包紗布的自畫像？創作是他的生命或者說已經大於他的生命，是堅持還是固執？為什麼不願迎合一下這個世界？在他自盡前住進精神病院，所以他是瘋子？那麼你覺得這個世界有多少人能把自己活得像一個人，甚或活得像一個神？

或許有人會說：「我沒有藝術天分怎麼辦？」

放心吧！你不是沒有，頂多是不明顯而已，而且每個人最少都會有三個「顯著的神性」及至少一份「獨特稀有的禮物」，這本書還厚著呢！

【第6道檢視】

如果我是神，我會造出什麼樣的人類？

A. 就以我這個神當樣本，因為我是完美的；

B. 創造不同膚色、不同信仰、不同種族的人好讓他們彼此歧視、互相殘殺；

C. 加入我所沒有的特質，塑造一個連神都羨慕的完美之作；

D. 這些人都是我的孩子，我希望他們感受世界的美，快樂又堅強的朝夢想前進；

E. 其他＿＿＿＿＿＿＿＿＿＿＿＿＿＿＿＿＿＿＿＿＿＿＿。

第一次檢視選擇	第二次檢視選擇	第三次檢視選擇

【第7道檢視】

如果由我來創造神，我會把神形塑成……

A. 可以飛天瞬移、點石成金、呼風喚雨，所有我所做不到的能力通通加在這個作品上；

B. 把他做成四個頭或是有一千隻手，看起來就是很厲害；

C. 把他做得跟人一樣，但是他心靈聖潔，他的法力叫做「愛」；

D. 我是工具控，給他一把會放電的錘子或是伸縮自如的金箍棒；

E. 其他＿＿＿＿＿＿＿＿＿＿＿＿＿＿＿＿＿＿＿＿＿＿＿。

第一次檢視選擇	第二次檢視選擇	第三次檢視選擇

【第8道檢視】

過去的我曾經是個世界級的名人嗎？例如愛因斯坦、孔子、莎士比亞、拿破崙……等。

A. 別傻了，那些人都在上帝的身邊，或是去了更高維度的世界了，現在的我是在地球上留級而已；

B. 我覺得我跟＿＿＿＿＿＿很像，我就是＿＿＿＿＿＿轉世；

C. 沒有所謂的名人，一切都是虛幻的，我們不過是外星人的實驗品，不用太認真；

D. 就算曾經是，我也不會重走老路，他們有他們的精采，我會有我的光輝；

E. 其他＿＿＿＿＿＿＿＿＿＿＿＿＿＿＿＿＿＿＿＿＿＿＿。

第一次檢視選擇	第二次檢視選擇	第三次檢視選擇

【第9道檢視】

我如何知道我有沒有「藝術性創造」這個「神性」？

A. 畫個圖或雕個像，如果賣得出去就是有「藝術性創造」；

B. 語文是藝術、行為是藝術、態度是藝術、信仰也是藝術、挑水劈材也是、掃地洗衣也是，只要賦予思想便是創造；

C. 對稱是美，歪曲也是美；工整是美，錯落也是美；盛開是美，凋落也是美；只要思想精神為美，任何創作皆為美；

D. 我不懂藝術，但我煎的蛋越來越好看；我炒的飯越來越香；開的車越來越順；與他人溝通越來越流利；程式寫得越來越

有條理；妝化得越來越自然，不會嚇到人……，所以「藝術性創造」就是「不做不知道，越做會越好」的「自我實踐藝術」；

E. 其他_____。

第一次檢視選擇	第二次檢視選擇	第三次檢視選擇

【第10道檢視】

照心魔的說法，我＝神＝你，也就是人人都是神囉？怎麼世界還是這麼亂？

A. 按心魔的說法「我」是唯一的「神」，這樣太沉重，我的壓力太大，我也不曉得神要做什麼，我救不了人類，我放棄；

B. 我信仰的真主才是神，如果全世界的人都跟我同一個信仰，那世界就和平了；

C. 如果「神」不能呼風喚雨、噴火放電、點石成金、為所欲為，那我還是當人就好了，沒差；

D. 「神」只是個假議題，「魔」也是，這個世界允許所有「對立」的存在，例如光明與黑暗、正義與邪惡、愛與仇恨、戰爭與和平……，這樣的設定，不是「神」所能掌控的，只有「人」能；

E. 其他_____。

第一次檢視選擇	第二次檢視選擇	第三次檢視選擇

第二章
我＝神＝你

在第一章心魔提到「我」的集合，看到你有永生就亢奮了嗎？這裡面當然有爭議，這些「我」無法在同一時間存在，爭議不在於這些「我」能不能放在同一個集合裡，而是如何證明這些「我」有共通性？這些「我」是否由同一個「靈魂」在傳承？又，要如何證明「靈魂」的存在？如果沒有「靈魂」，這些「我」要如何串在一起？要談「神」與「永生」就不能不談「靈魂」。

靈魂的定義

人有沒有靈魂？這是一個老掉牙的問題，也是一個各說各話的議題，因為沒有人能證實靈魂真的存在或者真的不存在，拜託不要用真值表，複雜的理論會讓人想睡覺，我也不想把網路上的東西貼到這裡裝作專家，讓心魔用簡單一點的方法來說明，講人聽得懂的話，我要說的是：當「靈魂」「存在」後，「天堂」與「地獄」也就合理的「存在」了。

那麼如果「靈魂」不存在，天堂和地獄該怎麼辦？

現在，我們必須嚴謹地定義「靈魂」，是「Soul」還是「Mind」還是「Spirit」？「Mind」跟「Spirit」容易理解，不需要花時間解釋，需要討論的應該是「Soul」。那麼這個

Soul是指生前還是死亡後的Soul？活著的我無法確認跟亞里斯多德或秦始皇有什麼關係，看來只能討論死亡後的Soul，活著的靈魂或精神後面我會再研究，現在我們這一章就只討論跟所謂天堂及地獄有關的＿死亡後的靈魂。

「靈魂」這個議題很重要，所以在這個章節就必須趕快說明，因爲一切的錯誤或誤會就是從這裡開始，前面錯（False，中文應該要用假或非，但是用假或非整個語意會很彆扭），後面就整個跟著錯了。

明明沒有人看過「靈魂」，「靈魂」卻「活生生地存在」這個世界的時間與空間……，這段話非常武斷而且自我矛盾，你也會抱怨：說好的人話呢？

我會這麼說，是因爲我要把古老傳說或宗教的「神」給帶進來，然後再一一解釋。

明明沒有人看過「神」，「神」卻「活生生地存在」這個世界的時間與空間……

OK，如果你認爲耶穌基督、釋迦牟尼、關聖帝君也曾經是活生生的人，那更好，有人見過他們會飛嗎？他們能操控閃電或洪水嗎？神怎麼會死？他們留下的應該是「信念」與「精神」，他們跟我們一樣形格上是人，也跟我們一樣本質上是神，所以請原諒我用「他們」而不是「祂們」，不然我就要一直用「祢」、「祢們」，心魔不需要巴結你們，故連「您」都不會用，在心魔的世界，我才是那個「神」，我在建造屬於我的「天堂」，你們的本質雖然也是神，但不干我的事，保持尊重就好，因爲**你我都是同一個「我」**，以前是，未來也會是；同樣的，在你的世界，你才是那個「神」，你在建造屬於你的「天堂」，其他人的本質雖然也是神，但不干你的事，保持尊重就好，因爲……

……我你都是同一個「我」，以前是，未來也會是……

……我你都是同一個「我」，以前是，未來也會是……

……我你都是同一個「我」，以前是，未來也會是……

（很重要，所以寫三遍……，OK，其實是寫了四遍。）

以前是同一個「我」在第一章已經說明了，這裡心魔要帶入一個模型來說明爲什麼未來也會是同一個「我」，我稱之爲「古墓模型」或是「末日碉堡模型」。

人口驟減模型推論

【模型背景】：地球及一座完美的末日碉堡/古墓，前提爲沒有其他星球可收容人類或靈魂。

【模型物件】：80億人、楊過、小龍女。

【觸發事件】：巨型隕石撞地球引發的世界末日。

【推論設定】：假設人死亡會產生靈魂並一定在天堂或地獄「永生」或者再轉世投胎爲人。

【檢視目的】：推論所謂「靈魂」數量的變化，並檢視是否有實質的靈魂存在。

【執行運作】：地球因世界末日導致80億人口瞬間死亡，於是產生80億個脫離身體而上天堂或下地獄或在世間遊蕩的靈魂，而楊過及小龍女在古墓/末日碉堡內得以倖存，其後生下一娃，暫名楊黃衣，其他生物一概滅亡，連蟑螂也不例外。

【推論】

(1)80億個靈魂的其中之一「轉世」成爲黃衣，其他80億-1個靈魂繼續耐心等待楊過和小龍女的努力。這個推論會造成天

你終究是神，
因為你是我的永生

堂及地獄瞬間塞爆，天堂毫無生活品質可言，天堂的果子馬上就被吃光，地獄的刀山火海要排隊造成魂怨，神更頭大，沒有了人的信仰，神便失去存在的價值，而且神總不能依靠楊過一家人亂倫來消化其他的靈魂，所以神必須再以泥土捏人，要不然神會很無聊，但人真的是捏出來的嗎？又，原本所謂天堂與地獄的靈魂都還沒有投胎，怎麼可以讓這80億的其中之一搶先插隊，這表示絕大多數的靈魂都無法轉世為人，只能在天堂或地獄等待，故一定能轉世為人的推論為假（Fales）。

(2)承上，因為是世界末日，而不是人類自相殘殺，所以大部分的靈魂都應該分配到天堂，就算是核戰引發的世界末日也只有命令發射核彈的人會下到地獄，大部分的人都還是上天堂，那麼絕大部分的人應該是期待世界末日而不是害怕世界末日，但為什麼人類都害怕世界末日？甚至時不時都有人出來恐嚇末日要來了，這不是相互矛盾嗎？故如果不是好人死後會上天堂的論述為假，就是有天堂的論述為假，因為人類文明都已數千年，絕大部分人類卻都還是害怕末日。

(3)如果「神」都阻止不了世界末日，「神」還需要被信仰嗎？如果「神」不再被信仰，他所創造的天堂及地獄也不再為真。

(4)假設靈魂是可以被吞噬，或是融合，或是有生命周期，也就是靈魂數量會減少，那麼除了原本你跟我的靈魂融合才有機會「轉世投胎」，否則靈魂彼此吞噬或是自然靈滅則不符推論設定，亦即靈魂應該要投胎轉世或者在天堂或地獄「永生」的推論為假。

(5)假設靈魂無法被吞噬，無法融合，靈魂是永恆存在，存在一定要消耗能量，不管這個靈魂動或不動，那麼靈魂所需要的

第三章
靈魂與介質

能量為何？氧氣？靈魂有呼吸器官嗎？陽光？靈魂能光合作用？水？靈魂能消化吸收？這些超過我們的生命經驗，我們無從得知，但是我們知道，除了像砂子或石頭這種不需要能量的無生命體可以永恆存在，只要是需要消耗能量的生命體或有機體就一定有其生命周期，而且體積越小的生命體或有機體生命周期越短，靈魂若要永恆存在，不但體積要很大，而且需要更大的能量消耗，先不論天堂與地獄是否能容納並供養這麼多的靈魂，靈魂一旦能永恆，便已達至善完美，就不需要投胎，所以靈魂永恆這個推論亦為假。

(6)80億個靈魂永恆存在為假；靈魂減少相對投胎數量也減少與靈魂一定能投胎轉世不符，故亦為假；就算80億個靈魂融合成為一個靈魂也必需排在原本在天堂或地獄或遊蕩的靈魂後面才能投胎，到那時這個靈魂也早已滅亡，故此推論亦為假。

【結論】

1. 瞬間大量人類死亡不但是人類浩劫，也是天堂浩劫，如果有天堂的話。

2. 從模型推論看來，供給（等待投胎的靈魂）遠遠大於需求（能出生的嬰兒），靈魂受生命周期因素大量再死亡，如此，設定靈魂一定能轉世投胎為假。

所以，那些認為這個人生很糟糕，想要重刷生命的人，請三思，後面還有更多關於想要「重刷角色」的可怕後果。心魔不是人道主義者，我也不想被冠上「神」道主義者，不過，喚醒你的神性本質才是我想做的，比用恐嚇你來得「神性」一點，而且往後看你會知道，覺悟或禪修不是坐出來的，體驗才

會有體會、領悟，痛苦和磨難能逼你思考致達覺悟，同一件事，有的人只能得到一個覺悟，有的人可以額外得到十個覺悟，所以我才說不要單純覺得你只是一個「人」，讓心魔訓練一下，動動腦，找出更多可能，要不然這痛苦就白挨了。

　　你可以批判這個模型太極端，大自然似乎有規律地在做總量管制，所以不會發生古墓/末日碉堡這個模型的情況，而且就算發生，也不見得如心魔所設想，搞不好靈魂不但永恆而且不耗能量……，心魔期待你反駁，我說過我的目的不是說服你，一旦你反駁，表示你有認真看心魔寫的東西，心魔會超開心，你應該要有懷疑的精神，懷疑心魔所說，也請你用同樣的精神，懷疑世俗、禮教、傳統、宗教、制度、道德、輿論、種族、教育，懷疑不是反對，相反的，懷疑是為了確認，懷疑是因為你有在思考，因思考碰撞產生的衝突，正是認識「真理」的時候（雖然心魔並不屑所謂的真理……，嗯！真理褲除外），這個「真理」對十個人來說可能有十一個面向，沒有關係，不用害怕跟別人不一樣，以前的「我」、現在的「我」以及未來的「我」就是想看這火花，死後的靈魂還是未知，在世的靈魂才是真理（又洩題了，說好這章只講死後的靈魂，抱歉，順便對前面物化某褲抱歉），更何況，我的重手還在後面……

靈魂的容器

　　還記得本章的標題嗎？不用往前翻，心魔不考你記憶。

　　靈魂與介質，這個「介質」或說「載體」或說「容器」才是靈魂是否能存在的關鍵。

人活著的時候，可以當靈魂的載體；而當人死後，所謂靈魂必須依附在一個介質或載體上面，它才能去到所謂的天堂或地獄。

我們常聽一句話：「看不到不代表沒有」。正確，病毒看不到、電波看不到、聲音看不到、付出的愛對方看不到……，所以我們看不到靈魂與神很正常？

如果是這樣，看不到正義也是正常的，看不到公理也是正常的，所以我們就等著任人宰割……，這樣嗎？

所以，看不到也不代表有。

這一段請讓心魔唯物一下，因為若要用唯心來談靈魂與神，那就不用談了，我寫了這麼多次的「靈魂」與「神」就表示他們已經存在，Wrote Down就是有了，甚至只要你想得到的都能存在，例如：「咕da#*」是一個可以吞得下地球但吞不下數學的外星小狗……，所以「咕da#*」是存在的？要比胡掰瞎扯，心魔不會輸給古時候創造神的人，同樣的，**你也不會輸給心魔**。

唯物開始：

靈魂能夠離開肉體，表示它一定是具有穿透力的「波」（電波、電磁波、重力波）或「射線」（X-Ray、α射線、β射線），否則它無法穿出頭骨和肉體，而且我們從來沒看過離世者身上有跑出什麼物質出來，所以整理靈魂容器的問題如下：

1. 靈魂還有自我意識嗎？應該要有吧？沒有的話就沒意義了啊，如果我不知道有「我」，那何必有「我」。

2. 如果靈魂有自我意識，那麼一定要有個介質或載體或容器來收容、儲存並提供組織及運算的功能，空氣不行吧！而且一吹就散，小草？大樹？昆蟲？動物？

3. 花草樹木有生命，但沒有自我意識，如果有意識會更

慘，標準植物人。

4. 昆蟲或動物是理想的載體，可是牠們的世界不是吃其他物種就是被其他物種吃，標準的地獄世界，或說是佛家六道之一的畜生道？說好的天堂呢？還是轉生到鷹鷲就是「上天堂」？不要說眾家宗教不接受，心魔的「我」也不會接受。

5. 有人說人類是七級世界的第四級（之類的說法），所以人覺悟超脫後便可轉生第五級的世界，一直覺悟超脫到第七級，那就是神的領域……，心魔可以接受這種類比說法，唯一有意見的是，心魔覺得地球就是最高級的世界。

「反對！反對！地球上仍然到處有戰亂、飢荒、奴役、天災……，而且有比地球更高科技、更高智慧的外星人，地球不可能是最高級的世界……。」

所以最高級的世界沒有戰亂、飢荒、奴役、天災……？那樣的世界每個程式設計師都創造得出來，所以程式設計師是最高級世界的創造者？

你當然可以反對，不過請你在這裡稍微休息一下，思考一下，你認為最高級的世界長得什麼樣？睡前想一下，起床後想一下，吃飯後想一下……，然後把這些零碎的想一下比對並組合，推理它的合理性，你自己建構一個最理想的神的領域，不急，後面會給你心魔的答案。

前面關於死後靈魂的問題，科學家也找不出答案，不過也不能排除類似光的雙狹縫實驗的詭象，以監視設備採集資訊時，光是以粒子形態呈現（不排除波形抹除/量子抹除）；無設備監視則光以波的形態呈現，靈魂是否也如光一般在不同環境以不同形態呈現，這一點是可以保留，但不影響結論，因為有

發射端也必須有接收端，要不然死亡頂多是最後能量的釋放，沒有經過接收並轉換靈能爲可判斷個人識別的靈魂，沒有意義，然而卽使科技發達到美國和中國的探測機都上了火星，我們仍沒有發現有什麼奇特的訊號接收空間。而且就算有這個空間，它也必須有氧氣，要不然所謂的天堂沒有氧氣，那就眞的神了，大概只能用電腦程式設定來想像，天堂這支程式只設定快樂，程式裡面運行的「虛擬神」及「靈」僅靠太陽能就能自動啟動自嗨模式。

　　神學家卻是有答案的：「死亡的靈魂是神管轄的領域，那不是無知的人類可以一窺究竟的。」眞是無懈可擊！

　　如果死亡的靈魂是神管轄的領域，那麼神學家是怎麼知道的？神說的？先知說的？神說信他者上天堂並得永生，那麼其他宗教教徒或無信仰者都該下地獄？卽使這個人一直默默奉獻、信守正義也要下地獄？神說的一定是正確的？你確定那是神？神會害羞都不出面？神出來開個國際記者會調停戰爭糾紛，世界就和平了，並且獲得人的堅定信仰，再加個諾貝爾和平獎，神不作爲？如果從一開始就是Fales呢？

　　你會說神講的都是眞理，不容懷疑，只有最堅貞的信仰才能得到神的眷顧……，我眞心的爲你鼓掌，希望你不要誤會，有信仰是美好的，在下一章會談到宗教，會有更勁爆的觀念，讓你更愛你目前的信仰，心魔不是來創造無神世界的，要不然這世界太無聊了，「我」會瞪著我。那麼來看看我這個心魔能講些什麼歪理。

　　如果死後沒有靈魂，這也代表沒有地獄，沒有天堂，沒有神。

　　但是只要重新定義「神」，天堂便存在了，更棒的是沒有

你終究是神，
因為你是我的永生

地獄，也不需要死後的靈魂。

慢慢來吧！你玩過「連連看」嗎？這個世界最有趣的，就是每個人連出來的圖案都不一樣，這本書不會教你怎麼連，但是會讓你的生命經驗「連連看」，來做檢視吧！

【第11道檢視】

如果有靈魂，我認為死後的靈魂的樣子應該是……

A. 長得像人一樣，有手有腳有頭髮，身上還有衣服；

B. 只是一團靈體，沒有手腳、沒有毛髮，形狀不固定；

C. 死後靈魂以不可測的超光速奔向天堂，並以另一個實體呈現；

D. 有沒有靈魂我根本不會知道……，如果我現在的意識就是靈魂並附在這個這個肉身的「容器」上，會不會其實我已經是在天堂或地獄了；

E. 其他＿＿＿＿＿＿＿＿＿＿＿＿＿＿＿＿＿＿＿＿＿＿。

第一次檢視選擇	第二次檢視選擇	第三次檢視選擇

【第12道檢視】

如果有靈魂，死後的靈魂是否還會保留原本的記憶與知識？

A. 會啊！所以還會掛念家人及沒花完的錢；

B. 不會記得，靈魂進入混沌狀態，連自己是什麼都不知道；

C. 到了天堂被初始化（Initialized）了，而且天堂快樂的不得了，不需要記憶；

D. 很多人年紀大了就開始健忘，先是瓦斯忘了關，再來是認不得人，如果在生時就開始失憶，死後的靈魂就更不用談記憶

了；

E. 其他＿＿＿＿＿＿＿＿＿＿＿＿＿＿＿＿＿＿＿＿＿＿。

第一次檢視選擇	第二次檢視選擇	第三次檢視選擇

【第13道檢視】

死後的靈魂（如果有的話）會生病嗎？

A. 上天堂的不會生病，下地獄的病痛無期；

B. 不會，靈魂沒有地方讓細菌和病毒附著；

C. 生病也無所謂，反正沒有神經，不會感覺到痛；

D. 如果靈魂只是光波或游離電子，則不會生病；如果靈魂是有機體，就一定會生病，生了病就有機率死亡；

E. 其他＿＿＿＿＿＿＿＿＿＿＿＿＿＿＿＿＿＿＿＿＿＿。

第一次檢視選擇	第二次檢視選擇	第三次檢視選擇

【第14道檢視】

死後的靈魂（如果有的話）還有分顏色、性別、種族、國界、階級、學歷、貧富這些歧視嗎？

A. 沒有，因為天堂是平等的，不會有歧視；地獄裡的靈魂才會被歧視；

B. 有的，歧視無所不在，只要有意識的存在就會有歧視；

C. 沒有，因為靈魂進入混沌的狀態，已經沒有自我意識；

D. 有的，只要那個看不見的世界有階級的存在就會有歧視，冥界管理者會依人在世的德行給予不同的待遇；

E. 其他＿＿＿＿＿＿＿＿＿＿＿＿＿＿＿＿＿＿＿＿＿＿＿＿＿＿。

第一次檢視選擇	第二次檢視選擇	第三次檢視選擇

【第15道檢視】

會不會死後的靈魂就是一個內捲的極小多維空間？然後等待「容器」讓這個極小多維空間釋放。

A. 如果是的話，那這個地球不就存在無法計數的多維空間，我吸一口氣可能就吸進了數萬個多維空間；

B. 宇宙的「大爆炸」理論不也如此，本來不存在空間，然後從一個內捲的多維空間釋放，形成了現在的世界；

C. 從「能量不變定律」來說，死亡後的意識內縮成一個極小的多維空間，這個空間保存了「能量」，也就是俗稱的「靈魂」；

D. 如果這個假設成立，那麼「人」所擁有的「能量」絕對不只如此，而且一個人就是一個世界，「人」等於「神」也能成立。

E. 其他＿＿＿＿＿＿＿＿＿＿＿＿＿＿＿＿＿＿＿＿＿＿＿＿＿＿。

第一次檢視選擇	第二次檢視選擇	第三次檢視選擇

心魔胡說八道了「神」，扭曲妄解了「靈魂」，不待你通融，再來就是要白目得罪「人」了。

不過還好你是「神」，心魔不敢得罪「神」。

其實如果把「宗教」也當成一種「工具」，這樣不但沒有得罪到人，還讓「宗教」擁有不可或缺的價值。這裡先賣個關子，為了讓氣氛和緩些，先來讚揚「宗教」的貢獻。

宗教的功能

這裡不細數各宗教的前世今生，心魔沒興趣，心魔和你一樣，對死亡好奇，正由於人類對於死亡後的何去何從，或說靈魂的依歸與轉世，這些從來都沒有人曾親身見證，對於亡後世界的敬畏及在世對善或信念的依循，**宗教扮演著撫慰心靈、建立行為準則及互助的功能。**

透過規範儀式，進行對神的讚頌、對信眾心靈的安定、對往生者的尊重，宗教不單只是內化的「宗族教義」、「宗門教派」、「宗法教道」，外顯的包括政經的融合、生活的應用及心靈的寄託，可以說沒有人不受其影響。

尤其是生活的應用，包括神學教育、科學教育、哲學、節日、小說、戲劇、生命禮儀、飲食、婚禮、藝術、集會、急難

收容、資源分派……，因為應用廣又深，所以自古至今，估計全球的宗教數量不小於一萬種，能有市場就表示有其需求。

所以說宗教文化已深植人心，難以撼動，是說心魔不是來消滅宗教，並不是畏懼全球超過一半以上的教徒，而是「我」本來就沒有這個打算，相反的，「我」還比較希望看到各個宗教文化相互輝映，**從衝突中尋求理解與尊重**，因為這才是「神」該做的事。

既然談到了「我」，那麼就讓我們回到宗教最原始的起點來瞭解宗教的存在必然。

宗教的起源與變異

人類對於未知的恐懼及敬畏，不管是一百萬年前的「我」、十萬年前的「我」或一萬年前的「我」，對雷電敬畏、對水火敬畏、對日月星辰敬畏、對大地敬畏……，對所有的未知敬畏，認為萬物皆有神在控制，在一萬年前，誰敢懷疑神的存在？敬拜天地信仰神，祭祀獻祭求神息怒，那個時候如果有某人說地震及海嘯只是地殼板塊變動，這個人就會被認為褻瀆神明，此時隨便一個旱災或大水，甚至孩童夭夭，大家都會把矛頭指向褻瀆神明的人，並將此人抓起來放在獻祭台上，在眾人面前行刑，越殘忍就越能讓神息怒。

如此殺一儆百，誰敢不敬畏神，順神者昌逆神者亡，而且神的旨意話語權掌控在祭司或神使身上，祭司或神使要確保權力的永續擁有，假傳神旨並制訂教條控制人心，是我我也必須這麼做，要不然躺在獻祭台上的可能是我。所以是不是順「我」者昌逆「我」者亡，「我」是不是比「神」更真實的存

在！

宗教教條裡一定要放很多「符合人性」的條文以將不合理的懲戒合理化，例如行善啦、孝順啦、道德啦，這樣看起來就不會被說這個教是「邪教」，再來就是放一些不可違逆的規範，例如我教是萬法正宗，他教是邪魔歪道；我神帶你上天堂，他魔讓你下地獄……，所以動機是奉行神的旨意？還是遂行掌權者的意志？

這樣的說法會不會是扣帽子？欲加之罪？

心魔倒是老神在在，不擔心成為眾矢之的，因為，你自己看看，一個宗教一旦變大了，信徒多了，自然就有分歧，在保守與激進路線上的分歧、在領導權力的分歧、基本教義與新教釋義的分歧、適地適法調整與否的分歧……，不用心魔質疑，教派內鬥就已經熱鬧上場，你不覺得奇怪嗎？每個派別都說自己是正宗，那麼我就想問，信奉某教的A派系，死後是上A派系的天堂？還是B派系的地獄？因為B派系也說信我的神可上天堂，不信我的神會下地獄……，如果信奉別的派系也可以上天堂，那我何必一定要信仰你的派系？何況還有C派系、D派系、E派系……，神竟然不理會信眾的分歧，不出來一統教義，那你怎麼能怪我猜想神的一切其實都是掌權者的說法，這世上有超過一萬個宗教，一人說一套，這意謂著當其一為真時，其它皆為假，但那個為真的，卻被其他所有的宗教都說那個是假的；又或是全部為真，那就更奇怪，一萬多個神，卻沒有人見過其中一個，所有的神都是聽、說出來的，或是夢出來的，這樣可靠嗎？

上面沒有針對特定宗教，你把任何為人熟知的宗教帶進去，幾乎都適用，所以是神厲害還是人厲害？

當宗教領導者擁有了最高權力及話語權，這時候就算原

你終究是神，
因為你是我的永生

48

本是清心寡慾為神服務的僕人，也會因為權力的膨脹跟著讓恐慌也膨脹，於是宣傳、布局、包裝、誇大、造假、排擠、改釋乃至於攻擊到奪權，所有政治使用的手段套用在宗教完全無違和，這讓掌權者及分歧者反目成仇，說好聽的是理念不合而另創分支，說難聽的是受人跪拜敬仰會成癮，一旦走火入魔，在東京地鐵施放沙林毒氣的奧姆真理教、在蓋亞那誘騙信徒九百多人集體服毒成功的美國人民聖殿教，你所想像不到的恐怖場景都出現了，這些教徒當初入教時怎會知道這個教會這麼極端，信徒的心是純潔又虔誠，而這些人通常就是被利用的人，就算沒有生命危險，我們也總常聽到有人心利用宗教來騙財、騙色、騙房、騙地的故事。

　　這時候該有人出來批判心魔，你不是說在宗教這一章會讓我更愛我的宗教，卻看到你一直在批評……

　　是批評嗎？你太客氣了，如果心魔講的不是事實，那就不叫批評而是叫抹黑，事實上網路上一堆對神及宗教的質疑，尤其是無神論者，心魔不屑當跟風者，所以已經很收斂了。

　　那麼心魔寫這本書是要創立宗教嗎？

　　放過心魔也放過你自己，我沒有悲天憫人、救苦救難的情操，覺醒為「神」與自在從「我」是時時刻刻都要學習與實踐的功課或說修行，心魔沒有你高明，因為你一定有我所沒有的經歷，而且如果你相信我的理論，立刻會成立一個悖論，在你正要成為信徒的前一秒就已經覺知為神，由極小多維空間釋放出來的唯一之神，心魔馬上變成只是你的過客，幾十億個Server中的其中一個，不是你的主教、牧師、師傅、先知、上人之類的。這個悖論會造成「信徒」無法成立，自然「宗教」也就無法成立。

第四章
宗教

是說當你覺知為神而綻放你自己神的光采，心魔會很開心地閃一邊去，這樣比當什麼師傅、上人還來得好玩，心魔也不想弄一些教條來綁住自己，這不單是我的心性，也是「我」的期望。

宗教的終極目的應該是要帶領信徒遠離痛苦、恐懼與階級約束，而不是給予信徒帶來新的痛苦、恐懼以及更多的階級約束，**宗教要滿足的對象應該是「信徒」而不是「神」更不是「教主」**，所以你一定要認識你的信仰，下面六點供你參考：

1. 金流公開＿組織的金流一定要清楚公開，確保你的奉獻確實進到有需要的人的手中，而非被中飽私囊。

2. 神職守戒＿確定宗教是在服務弱勢與信徒，而不是服務神父或住持，神職人員應該是要清貧自持，而不是豪車高苑、奢華貪慾，因為他們的開支是來自信徒的奉獻。

3. 傳道有據＿傳道者是否有誇大渲染神蹟？是否總是講一些不著邊際的神話（或鬼話）？是否都說一些無法考證的故事？是否總是那幾個人在串謀表演？要聽這些鬼話不如去追劇，起碼比較有畫面。

4. 價目合理＿你是否為了驅邪招福有求於人然後在被半推半就下心不甘情不願地捐獻或是買了一堆莫名其妙的法器或加持過的水？這些東西總是特別貴或是要你自己看你的「誠意」？醒醒吧！你想要驅邪招福是吧！心魔教你簡單又有趣的方法，就是學技能，唱歌跳舞、琴棋書畫、修車修房都可以，學外文更是有奇效，學不會沒關係，你敢講就有效，下次你要是認為你碰到「不乾淨的東西」，你就大聲跟他唸外文，例如「How do you do？」、「I am fine, thank you.」，隨便唸、一直

唸，功效不輸「唵嘛呢叭彌吽」，如果金錢才能給你安全感，你可以唸「All Money Back Me Home」，我知道你會認為心魔在胡說八道，反正你都被騙那麼多次了，也不差這一次了吧，平常就可以對著牆壁做練習，唸到會笑出來的效果最好，你已經是神，如果會多國語言的話就是神的神發揮，什麼鬼都怕你。

5. 充分自由＿有沒有「限制條款」？入教後不能離教或同時多教信仰？這不搞得跟黑社會一樣，「自由」是信徒最基本的權利，也是「神」最基礎的神性，別人拿一副漂亮的枷鎖出來，你不要傻傻的自己套進去，這一點一定要先問好。

6. 人身安全＿這是最重要的，會不會有心靈或身體上懲罰？會不會要你獻身而由所謂的「神使」或「至陽正氣」幫你侵入式的破陰驅邪？陰陽雙修？修邪念？修私慾？還有會不會跟你說神已經準備了幾十位美女在天堂等你，並且神會照顧你的家人，只要你為所謂的正義殉教？當然如果你本身屬於M性格或是需要透過獻身才能感受自己的存在，心魔也不能干涉你，不過如果他們要你殉教，你得先想一下，有準備了幾十位美女在天堂等你這麼好的事，他們自己怎麼不搶著去殉教？或是可不可以要求換成幾十位帥哥？

上面這六點應該都合理吧！除了「All Money Back Me Home」比較誇張外，其他都是你要認識宗教的最基本條件。宗教自己也要跟得上時代，並不是會用網路募款就是有進步，而是要讓自己的教義能更符合世人的理解與期待，神的精神可以不變，但不切實際的故事或儀式應該也要試著調整，要讓信

徒真心沉浸在喜樂或平靜之中，**以信徒的心靈需求為導向**，而非一味招攬新人或募款蓋廟給信徒造成心理壓力，要知道有時候為了「業績壓力」是什麼話都講得出來，就只是為了騙人入教，這樣不是在彰顯神的威名，只會讓人更恐懼排斥而已。

神祕的力量＿氣場

其實宗教的道場或教會本來就有一個無可取代的神祕力量，心魔稱之為「氣場」，人在痛苦的時候真氣糾結或真氣渙散，透過集體祈福的儀式可以重新導順氣場，聽起來很玄，但其實沒什麼，還記得「大腦的極小多維空間」嗎？這個空間是一個向內捲的有秩序多維排列空間，一旦亂掉了，你整個人不是很煩躁就是失神狀態，經由教會眾人的量子電子相互感應，讓你的「極小多維空間」重新釋放排列再收合，當你回復正常你自然會跟先前的痛苦有極大反差，所以你會感到喜樂或平靜。當然也有很多人無法回復正常，也就感覺不到喜樂或平靜，那是因為你沒有「放下」，就是佛家說的「放下」，或說「應無所住而生其心」，你繃緊緊的又怎麼能讓「極小多維空間」重新排列整合呢？原有的空間不開放，這時大腦就會強行建立另一個「極小多維空間」來收容雜亂無章的情緒意識，唉！這就是所謂的「精神分裂」了。

不好意思！扯遠了，為了感謝你千般痛苦、萬般糾結、十萬個忍耐又百萬個不願意地看心魔胡扯，送你兩個前面承諾你會更愛你所信仰宗教的方法。

宗教堅定法與工具法

1. 堅定法：熟讀你所信仰的宗教經典，一定能找出破解「異端邪說」的方法，並且熟讀本書，將心魔的邪說一一破解，徹底摧毀，擊敗心魔，心魔邪說從此不再縈繞你的腦海，堅定你的信仰，再也沒有什麼能動搖你，神會看到你的堅貞，神會看到你的愛。

2. 映照法：也稱工具法，這世界有太多工具供你使用，想快速移動有車、飛機及輪船……等為工具；想吸收知識有圖書、師長及網路……等為工具；想心靈安定、想團體肯定、想互助互濟、想受人敬仰朝拜可以宗教為工具。沒錯，你沒看錯，想受人敬仰朝拜可以宗教為工具，因為，你就是那個「神」。

　　無法接受是吧！上面說的映照法。你不是無法接受，你只是一頭霧水，並且你怕褻瀆神。其實不牴觸，讓我用本相、他相及實相三個面向來說明：

1. 在第一章開宗明義就說了，你是「我」的傳承、「我」的永生，只要你有「我」的意識，你不但是「超人」，能操作工具、運用智慧，「神」沒有比你高明，你早已「超神」。

2. 引用一下聖‧德蕾莎修女，其實我想用神‧德蕾莎修女，心魔認為更準確的用法是神‧德蕾莎，修女是她職務上的名稱，她奉行傳教會守則：貞潔、貧窮及服從，布施主的神恩，服務貧窮流離、孤苦無依，終其一生，她認為她是修女，但她其實就是主的化身、主的實身，她就是主（救世主），為自己的神性貞潔、為自己的修

行而貧窮、爲自己的志願而服從。如果我跟德蕾莎說其實妳就是神、妳就是主，她應該會嚇死，她不敢僭越，但她的行爲，事實上，比神更神。

3. 當你所愛的人生病、困苦、無助時，你會向神祈禱，求神幫助你所愛的人穿過黑暗走出光明，甚至你會在廟堂求神幫忙，你甚至願意折壽只求所愛的人能康復，而當你所愛的人走出光明或康復時，你會感謝你的神，感謝幫助你的人，但是你忘了，是你一直在你所愛的人身邊，你在爲他奔走、爲他勞心勞力，是你感動了你身邊的人讓他們願意幫你，不論最後結果是否爲正向的回饋，你才是一直守護他的神，因爲你有最純眞的愛，是誰緊握你所愛的人之手？是「神」，不用懷疑，是「神」。

　　所以當你望著神像，所以當你呼喚著你的神，神之像或神之名，都映照著你的慈悲，映照著你的善念，那麼，你跟神有什麼差別？「神」，就是一個符號（Sign），一個工具，一面鏡子，一個量子電子對應的頻率，召喚著你的神性。
　　你還想逃避嗎？

【第16道檢視】

這個世界如果沒有「宗教」會發生什麼變化？

A. 個人主觀意識抬頭，人類失去心靈及精神層面的指引與慰藉，彌留那一刻也不會有神來牽引；

B. 善與惡的定義會由神的闡述轉爲個人自我解讀，世界會大亂，個人主義、英雄主義盛行，道德沉淪；

C. 民間原本建立的急難救助、收容濟貧的管道將被官僚體系的

你終究是神，
因為你是我的永生

政府所接管，如果有政府或者政府願意接管的話；

D. 這個世界就算沒有了宗教，也不會影響人類的盲從、服從與偶像崇拜，例如追星族、政黨支持者、階級下的順民、獨裁者的士兵……；

E. 其他＿＿＿＿＿＿＿＿＿＿＿＿＿＿＿＿＿＿＿＿＿＿＿。

第一次檢視選擇	第二次檢視選擇	第三次檢視選擇

【第17道檢視】

我有宗教信仰或沒有宗教信仰的理由？

A. 因為家人有宗教信仰，所以我從小就有同樣的宗教信仰；

B. 在我人生灰暗無助時，因緣際會下認識了宗教，也因此讓我心靈有了依歸；

C. 我天生就對宗教有興趣，對生命與靈魂充滿好奇，讀宗教經典時會有感應，是我法喜的泉源；

D. 信教是業務需要，可以方便我拓展業務及人脈或是因為我的選票就在那邊；

E. 人類都在探測火星了，哪來的神？我從來不迷信；

F. 我被宗教詐騙過，傳教者跟異性朋友一樣，甜言蜜語、表裡不一、說一套做一套，就只想從我身上獲得好處；

G. 其他＿＿＿＿＿＿＿＿＿＿＿＿＿＿＿＿＿＿＿＿＿＿＿。

第一次檢視選擇	第二次檢視選擇	第三次檢視選擇

第四章
宗教

【第18道檢視】

2020年統計在台灣的宮廟及教會建築數量約為一萬五千間，比便利商店的一萬一千家還多，這是因為？

A. 市場供需啊！表示台灣人心靈太空虛了，不管出了什麼事，自己不敢作主，問神就對了；

B. 個人創業典範，小本經營，宮廟裡擺幾尊神像就可以開始以神之名服務，然後不管什麼宮廟一定要放財神或虎爺，因為台灣人太缺錢了；

C. 台灣人具有神感應體質，所以一半以上是道教宮廟，而且三太子、濟公、齊天大聖特別願意為台灣人服務而降駕；

D. 表示台灣宗教自由，二十多種宗教信仰、上百神佛各顯神威、上萬宮廟道場法力大比拼，任君選擇；

E. 其他_____。

第一次檢視選擇	第二次檢視選擇	第三次檢視選擇

【第19道檢視】

如果做了違背良心道德的事，為什麼神會寬恕我，我如何得知神已寬恕我？

A. 我加入教會就是把神當作是我的老大，他當然要罩著我，我可是有交保護費的；

B. 做壞事沒被人發現就是神幫我善後了，這個神講信用，以後都跟定他了；

C. 神職人員說神已寬恕我就是神已經赦免了我的罪，我們要相信專業，神若不赦免我的罪，我下次就不去告解了；

D. 因為我手抄了五百篇的心經，神會跟法官說我有教化的可

能，減輕我的罪責；

E. 沒有人不會犯錯，神要給人機會，宗教提供的是一個鼓勵知錯能改的心靈輔導，至於神是否寬恕我？如果我就是神，也就是只有我能寬恕我自己；

F. 其他＿＿＿＿＿＿＿＿＿＿＿＿＿＿＿＿＿＿＿＿＿。

第一次檢視選擇	第二次檢視選擇	第三次檢視選擇

【第20道檢視】

在科技發達、知識爆炸的時代，宗教應該扮演什麼角色？

A. 維護固有道統即可，因為信徒並沒有減少；

B. 宣導天堂與地獄的存在，以免人類沉淪；

C. 以教領政，讓所有人民沐浴在聖恩之下；

D. 斡旋國家之間的歷史仇恨，宣揚神愛世人理念；

E. 發動聖戰，消滅異教徒；

F. 其他＿＿＿＿＿＿＿＿＿＿＿＿＿＿＿＿＿＿＿＿＿。

第一次檢視選擇	第二次檢視選擇	第三次檢視選擇

第四章
宗教

　　人生終有落幕，當我們「呷好西瓜」後會去到天堂還是地獄？真的有這種地方嗎？明明沒有人回來過卻被描繪的活靈活現。

　　本來心魔應該是來摧毀神、摧毀靈魂、摧毀宗教，然後一併摧毀天堂與地獄，這樣你才能清楚地見到「永生」的真相，但是「我」並不希望我這麼做。

　　部分宗教是有帶來動亂，但大部分都是給予人類心靈上的平和，而且這些都是思考與辯證的素材，若一昧批評與反對，只會讓心魔被貼上「反對主義」的標籤，但其實「我」是允許任何理論與形式的存在。

　　無神論者越來越多，紛紛開始論證「看不到的東西」，我們看不到所謂的神，也看不到死亡後的天堂與地獄，這些變成唯心論或說唯心論形塑出來的虛擬世界，那麼心魔是無神論者嗎？

　　怎麼可能，都跟你說我就是神了，只是並不是會飛的那種，也不是頭上會發光的那一種，更不是「精神主義」或「阿Q精神」那一種，不要小看心魔，也不要小看你自己，我們都在建造屬於自己的天堂，都說過了，「神」是進行式，不要隨便貼別人標籤，人類非常善於「分門別類」，分門別類是生物學家要分辨物種而做的歸類，然後我們自己就對號入座，愛當靈長類你自己去當，心魔實體上沒有尾巴，就不奉陪了。

神的反思與延伸

　　人的起源從什麼時候開始？十萬年前？百萬年前？對「我」來說，那並不重要，重要的是在絕對寂寞的環境中，意識到「我」的存在，即使只有非常些微的智慧，也都能理解「創新」與「思考」能讓「我」跟其他物種不同，雖然每個物種本來就不同。

　　那麼天堂的起源呢？是天然的？是神造的？還是人說出來的？

　　我們先來假設真的有神及天堂和地獄，那麼天堂的功能是接納善且堅貞信仰之人，地獄則是收容惡且冥頑不靈之人，那麼神就要承認或反思以下幾件事：

1. 神也會有失敗的「作品」。
2. 如果失敗的作品是因為亞當和夏娃吃了智慧果，那表示神不希望人類有智慧，他想奴役人類嗎？
3. 神不能再重做一些他認為「完美」的「作品」嗎？
4. 因為亞當和夏娃吃了智慧果，所以後來的人類也有了智慧，如牛頓、愛因斯坦、……還有你，這不是好事嗎？
5. 神想要懲罰惡人，但這個惡不也是神給的嗎？還是擁有智慧就是一種惡？
6. 神創造天堂與地獄，難道不是為了滿足他自己的控制慾？這不是惡嗎？
7. 神最滿意的作品應該是綿羊吧！順從又不會偷吃智慧果，在天堂裡的應該都是綿羊吧？還是綿羊圈裡其實就是天堂？
8. 地球上有一堆像心魔一樣冥頑不靈的人，神應該派他創造的外星人來消滅不信神的人；還是外星人其實更桀驁

不馴，神就讓地球人滿為患，人自然就會進行一次太空版的十字軍東征？

9. 這些為惡或不信神之人的靈魂進到地獄，永世不得超生；而善與堅貞信仰者的靈魂進了天堂並獲永生，也就是說沒有一個靈魂可以回來驗證天堂與地獄的真假，子曰：「不教而殺謂之虐」，也就是當神在虐殺地獄裡的靈魂的時候，這不展現所謂神就是十足的虐待狂？「教」應「親教」，而不是透過所謂的「先知」或是「神使」來傳旨意，因為人人都可以謊稱自己是「先知」或是「神使」。

10. 你會反問（希望你還記得反問）心魔不是說神・德蕾莎就是神的化身、神的真身，神在「親教」了啊！是的，非常好，你有認真看，心魔只是好奇，像神・德蕾莎這樣的人在各個宗教應該都有，默默奉獻的人太多了，有這麼多不同的神在「親教」，我應該追從與誰？我應該相信誰的天堂？

上面這10點是個演示，還可以繼續延伸議題，讓你知道你天生就有一個免費又好用的工具，叫做「思辯」，看起來好像很難，很像是哲學家的學理，心魔不是哲學家，心魔只會簡單的推論，這個「思辯」其實簡單到有點智障，就像很多魔術看起來很玄不可思議，硬幣沒有穿透到桌子底下，反而玻璃杯穿透到桌子底下，解開魔術手法給你看，原來真的不用機關，原理簡單到讓你覺得很智障。講那麼多，其實就是換個角度來看，甚至你要養成習慣（如果你沒有這個習慣的話），儘可能從多個不同角度來看，你的肉身是第一人稱視角，擁有絕對的主觀觀察，所以在思想上要儘可能的客觀，減少盲點，才能

「儘可能」看出整個事件的原貌，這也是神要做的功課，道理很簡單，相信你早就知道了，只是知道跟做到又是兩碼子事了。

不好意思，上面又用了某些宗教來作為思辯的題材，因為他們是宗教界的標竿、權威、模範生，他們可以反擊心魔一知半解、斷章取義，心魔通通接受，我說過，我不是來反對宗教，更不是來爭輸贏的，切記，你是「我」的我，我也是「我」的我，所以未來你會是我，我也會是你，聽起來很玄，其實並沒有，只是角度和時間問題。

回來繼續分析天堂與地獄。

人之所以會有感覺，是因為皮膚表層下有神經/末稍神經，這些神經會把訊號回傳到大腦皮質，所以我們會有冷熱、觸碰和痛的感覺，那麼靈魂有神經腺嗎？有大腦皮質嗎？還是靈魂的感覺是直接的，不需要神經腺？

靈魂有沒有感覺很重要，如果沒有感覺，那麼去到火坑也沒有感覺，上到天堂也感覺不到愉悅。

但是靈魂有感覺也很麻煩，去到地獄火燒到灰飛湮滅，痛苦也是有結束的時候，如果地獄裡的靈魂也是永生，那烈火燒不死靈魂，這靈魂也太強了；但是在天堂，你得到永生，每天都快樂得不得了，請記住，快樂是「相對值」不是「絕對值」，什麼意思？假設真有天堂，而且在那裡無憂無慮，快樂愜意，你剛去時，一定沉醉其中，逍遙寫意，因為和人世間比起來真是天與地的差別。但日子一久，你會發現每個人/靈魂的快樂是屬於基本配備，慢慢的，對快樂的刺激麻木，不是這些快樂滿足不了這些靈魂，而是當你的快樂跟別的靈魂一樣時，沒有差異性與獨特性，甚或沒有因比較而產生優越感的快樂，你會覺得自己跟魚缸裡的金魚沒什麼兩樣，雖然是無憂無

第五章
天堂與地獄

慮，快樂愜意，但存在的意義呢？那時候的你跟天線寶寶有什麼兩樣？這還是推論每個靈魂的快樂程度都一樣的時候，如果每個靈魂又可以追求具差異性與獨特性的快樂，那時候你就會發現自己比別的靈魂不快樂，或是憐憫比你不快樂的靈魂，這就是你要的天堂嗎？還是你就是希望當個每天笑呵呵的天線寶寶……永遠？嚇死寶寶了！

永生不是這麼解釋，不死才是最可怕，不死才是地獄好不好！這涉及自我意識先天缺憾：空虛，所以我們才需要「愛」來彌補，不死意味著「永恆空虛」，這下一章會說，你絕對不會想要。

還記得第三章最後曾寫到：

「死後沒有靈魂，這也代表沒有地獄，沒有天堂，沒有神。

但是只要重新定義「神」，天堂便存在了，更棒的是沒有地獄，也不需要死後的靈魂。」

因為，你就是神，天堂正由你建造中。

那麼為什麼你建不了地獄？

我們先定義一下「地獄」，死後的地獄尚無法確定，如前面所說，靈魂如果沒有神經系統，那也不用擔心在死後的地獄裡會痛苦。所以我們要定義的是活著的「地獄」。

飢荒？貧窮？戰亂？疾病？霸凌？禁錮？……？

其實不需要那麼多問號，只要會令人恐懼、痛苦與屈從的情境都算，所以不要以為只有戰亂與飢荒的環境才叫地獄，文明發達的國家也到處存在著精神上的地獄，甚至透過「比較」，那種「地獄」的感覺就更明顯，例如：長得比情敵醜、賺得比對手少、混得比仇人差、過得比街友慘，明明有房有車，但總像是在為別人而活；明明有權有勢，卻總是提心吊膽

地睡不著，所以「精神壓力」是恐懼、痛苦與屈從的指針，當這個指針到達盡頭，會將人逼向絕境從而產生「放棄」、「反擊」、「自裁」或「覺悟」的選擇，**天堂與地獄不在於你的環境，而在於你的選擇。**

心魔你不是說只有天堂沒有地獄嗎？怎麼有這麼多的地獄？我怎麼知道我會選到天堂或地獄？

沒有地獄的前提是你已覺知爲「神」，只要你覺知爲神，不管你在什麼情境下，你都能得到「覺悟」，你會用神的角度看世界，也會用神的思考方式來面對問題或事件，即使戰爭與飢荒也無法抹滅你身上的「神性」，這部分留待後面還會有較詳細的介紹。

人有「神性」是否意味著人也有「魔性」？

當然有，只是想當惡魔需要絕對的「惡」，而絕對的惡所建造的地獄，其實就是惡魔的天堂。這裡的「惡魔」也不是會飛的那種，也不是有暗黑魔法那種，你不需要存有幻想，不要以爲這個稱號很威風，那只是心性被導往毀滅模式的迷失。很抱歉，「我」也必須讓「惡」存在，因爲**「神性」是需要被磨練**的。

只要是人就會有「神性」，所以才說惡魔必須惡到完全失去神性才能成爲惡魔，也就是說你本來要成魔就已經很難，當你覺悟你就是那個唯一的神，你就只造得出天堂而造不出地獄。

因爲這個天堂放置的是你的理想、你的希望，是你可以眞誠微笑的臉龐，是你可以平靜喜悅的心房，是你可以心安理得的柔床，更是你可以自由飛翔的天堂。

渴望嗎？想要嗎？傻瓜！

你早就在做了啊！Keep Going！

第五章
天堂與地獄

【第21道檢視】

如果讓我設計一個地獄的場景來懲罰惡的靈魂……

A. 選在火山口，直接把惡的靈魂往熔岩丟；

B. 在屠宰場把惡的靈魂注入到待宰的牲體；

C. 在地球發動侵略戰爭；

D. 不用那麼麻煩，在人的心裡埋下仇恨與比較的種子即可；

E. 其他＿＿＿＿＿＿＿＿＿＿＿＿＿＿＿＿＿＿＿＿＿＿＿＿＿。

第一次檢視選擇	第二次檢視選擇	第三次檢視選擇

【第22道檢視】

如果讓我設計一個天堂的場景來獎勵善的靈魂……

A. 把迪士尼樂園複製到天堂，並設置Shopping Mall、美食街及電影城，而且通通免費；

B. 每個靈魂都擁有氣派的宮殿、豪華的傢飾、純金的餐具並配置一百名年輕僕人供驅使；

C. 靈魂飄浮在空中不用走路，食物會自己跑到嘴裡，因為天堂不會有污染，所以靈魂怎麼吃也不會有排泄物，或是排出來的都是翡翠瑪瑙；

D. 忙了一天回家，洗完澡後在書房裡聽著音樂並安排隔天的行程；

E. 其他＿＿＿＿＿＿＿＿＿＿＿＿＿＿＿＿＿＿＿＿＿＿＿＿＿。

第一次檢視選擇	第二次檢視選擇	第三次檢視選擇

你終究是神，
因為你是我的永生

【第23道檢視】

幾乎所有宗教描繪的天堂都很美，地獄都很可怕，這倒是滿一致的，可是卻沒有一個宗教有能力辦一個「體驗營」，這明明是一個很好的宣傳方式，體驗過的人會留星級評價或點讚，宗教競爭也算激烈，為什麼沒有一個宗教嘗試這樣做呢？

A. 不要問，很可怕；

B. 有啊，不是有觀落陰，哦！這是看陰曹地府，奇怪往生者不是應該上天堂嗎？沒有觀天國嗎；

C. 有啊，他們在開發VR、AR和MR了；

D. 怕競爭對手故意留負評，不如不要辦；

E. 因為他們有能力帶我過去，但沒有能力帶我回來；

F. 其他＿＿＿＿＿＿＿＿＿＿＿＿＿＿＿＿＿＿＿＿＿。

第一次檢視選擇	第二次檢視選擇	第三次檢視選擇

【第24道檢視】

這幾千年來，天堂與地獄有沒有更新升級啊？

A. 開玩笑，人間最新科技都是來自天堂，是神讓人發明了手機和健保制度，核彈、化武技術也是來自於地獄，是人間跟不上天堂與地獄的最新版本；

B. 天堂與地獄不需要更新升級，那裡保留了最原始純粹的快樂與痛苦，因為快樂和痛苦都是心靈的感覺，無需從硬體更新；

C. 有啊！天堂與地獄現在也都服務導向，提供滿意度調查，差別只在地獄這裡只有「滿意」和「非常滿意」這兩個選項；

D. 其實天堂與地獄是萬年不變的……，因為經書都沒改呀；

E. 其他＿＿＿＿＿＿＿＿＿＿＿＿＿＿＿＿＿＿＿＿＿＿。

第一次檢視選擇	第二次檢視選擇	第三次檢視選擇

【第25道檢視】

如果讓我做為一個將亡靈分發到天堂或地獄的審判官，我要如何裁斷？

A. 非我教者一律下地獄；屬我教者一律上天堂；

B. 未曾行善者下地獄；未曾為惡者上天堂；

C. 應該是天堂和地獄都客滿了，發生暴動，才會把這個屎缺交給我吧；

D. 其實心靈純潔者靈魂比較輕，自然就浮上天堂；業障重者靈魂浮不上去就只能沉到地獄，不需審判；

E. 如果真有神與天堂和地獄，就不會把這麼神聖的事情交由主觀意識決斷，善與惡通常是相對的議題，不能代表絕對的對與錯，即使把善與惡做出一份評分表，也不代表不會出錯，因為決定善與惡的評分標準本身就是主觀意識；

F. 其他＿＿＿＿＿＿＿＿＿＿＿＿＿＿＿＿＿＿＿＿。

第一次檢視選擇	第二次檢視選擇	第三次檢視選擇

你終究是神，
因為你是我的永生

　　看周而復始的太陽西降東昇，是不是也有周而復始的「我」？

　　當看到「人生代代無窮已,江月年年望相似」（〈春江花月夜‧張若虛〉）時，明明是惆悵的詩，心魔卻興奮了幾秒，想說找到理念相同的人，而且是千年前的古人，因為心魔看成「人生代代無窮『己』」，一代一代的人都是無窮無盡的「自己」，不就是∞的「我」嗎？後來仔細看是「已」不是「己」，不免也惆悵了起來！

　　現在的我和前一個相異靈體的我以及未來又一個相異靈體的我可能站在不同的江河湖泊邊，但我們看的一定是同一個月亮，如果月球有生命，她一定會覺得自己才該惆悵，人類可以藉由死亡與新生來實現「永生」，而她的「永生」是單調枯燥的……

　　自作多情了，附庸古人賦予月生命，何苦！

　　上一章談到永生這個名詞被亂解釋，明明是你未曾間斷的與生俱來，卻被宗教變成是條件交換的獎勵，是說這也不能怪他們，因為他們角度不一樣，看的方向當然不一樣，當你從你就是「我」及唯一的「神」，你就會知道你已經是「永生」了。

　　OK，我知道你會說你是人，你會死亡，你不想死……

　　我們先來談談目前在地球上被認為是「永生」的動物：燈

塔水母。

根據研究發現，燈塔水母從幼年到青年到產卵成熟期後，牠可以從成熟期再跳到幼年，也就是人類都很渴望的「返老還童」，而且除非水域環境被污染，否則牠不會自己死亡，也就是「永生」的實現。

那麼，你想當燈塔水母嗎？無憂無慮、漂浮在水中、食物會自己跑到嘴裡，真是太棒了，美麗又夢幻，還童又永生，會不會那個海域就是天堂？

還是要像水螅一樣透過不斷分裂幹細胞以獲取永生？

這樣的存在跟阿米巴原蟲又有什麼不一樣？這是你要的嗎？

中國講的殭屍是死屍復活但無意識，西方講的喪屍是類似狂犬病病毒侵蝕腦部致喪失人性，而吸血鬼則是以吸血蝙蝠為雛型但具有人的意識，你不殺他們，他們便如永生般的存在，所以你想永遠躲在黑暗裡，還是喪失理智見人就咬？幸好真實世界尚未有這些變異體發生，不過病毒與細菌從來沒有停止變異，哪一天就突變或由人工改造基因而成「喪屍病毒」，這種沒有意識的假永生看起來是有機會發生的，不需要懷疑大自然的能力，更不用懷疑人類的下限，人類智慧的上限有多高，相對下限就有多低，相對論借來用一下，人類有上百種延續物種的方法，同樣也有上百種自我毀滅的方法！

換個角度想，細菌和病毒在人類的藥物摧殘下都尚且想要透過變異來存活，如果你不滿意現狀，難道都不想改變一下嗎？真的無力改變嗎？真的要像殭屍或喪屍一樣過著行屍走肉的日子嗎？你可是擁有比細菌和病毒強上億萬倍的大腦及無與倫比的神性，在狡詐的破壞力方面你可以輸給細菌和病毒，但在精神方面，你不會比細菌或病毒還廢吧？你與生俱來的才能

是不是都沒用啊？還是你仍然在尋找你的才能？算了，這後面再說。

永生的真相

還是你是聽說「永生」好像很厲害，不跟上車會很吃虧？大家都想要的一定是好東西？

那麼試問你看過哪個人「永生」了？那些跟你講有永生的人都看過永生了？

……都在天堂……，算了，心魔不想跟你在那邊繞圈圈。

你真的瞭解什麼是「永生」嗎？「生」要有意義、要有精采，那個「永」才有機會存在並且得到價值，如果「生」是渾渾噩噩、茫然無措、不知所以、得過且過、任人踐踏、自暴自棄、沒有目標、沒有希望、像個死寂的月球……，這樣的「生」已經夠悽慘的了，你還要再加個「永」嗎？你真的有M性格嗎？

而且永生還必需在一個前提下，那就是「健康」，要不然就算你是人生勝利組、功成名就、家財萬貫、至高無上，你終會老弱，你終會傷病，屆時行不得便、食不得味、色不得見、聲不得辨、言不得意、思不得敏、病不得癒、親不得憶，你真的要這樣的「永生」？

還是你認為「永生」就該是像宗教所說的，在天堂裡在神的身邊，不再有苦痛、不再有哀傷，那裡的靈魂或人都永永遠遠的幸福快樂不再有死亡？

那麼我們來談談目前宗教承諾的「永生」，宗教談的永生大概分成三類：

1. 善靈不滅並與神同行；惡靈不滅並永留地獄。

2. 信神者亡後之靈得永生，不信神者亡後之靈灰飛煙滅。

3. 信神者當下即得永生。

前兩個都要死亡後才會知道，第三個的話……如果當下即是「永生」，那跟信不信神有什麼關係？

所以如果你想說心魔的「永生論」是屬於精神層面的，那麼哪個宗教不是精神層面的，最起碼心魔講的永生是主觀的現實，「你是『我』的永生」，以前是、現在是、未來也會是，而且經過蛻換，永生就不會是一成不變，甚至是精采可期，更何況你天生已經擁有的永生，爲什麼要透過一個「媒介」才能獲得？就像是一個統治者對著百姓說：「跟隨我爲我打仗及繳稅，你將獲得民主與自由。」，天吶！這不是人與生俱來的「神性」嗎？更不用說**「永生」、「自由」、「智慧」與「愛」就是「神性」的四大支柱**，這些本來就是你的基本配備，比你肉體的手或腳還要重要，不是靠別人施捨給你，請記住，這四大支柱也是你的四大金剛，他們能幫你克服困難、獲得新生，他們就是你建構天堂、雕塑圓滿的空間與素材，千萬珍惜！

是人類太習慣活在別人的施捨下嗎？還是這些「媒介」自己也搞不清楚「永生」是什麼，反正以前的人怎麼講我們就怎麼信，反正信就有了？

其實這些「媒介」承諾了一個他們自己都不知道會不會實現的永生，或者說，他們使用了話術上技巧，「信XX得永生」，讓這句話成了一句Slogan，在天堂得到永生，但其實，在地獄也同樣得到永生，要讓你永生的痛苦，所以你一定會得到永生，只是天堂或地獄的差別，既然註定你未來會永生，那麼現在的你一定會接上未來的永生，也就是現在的你已經是永

生的前端，你已經在永生裡面了。所以心魔說你是「我」的永生，現在的你已經在永生裡面了，以前是，未來也會是，本質上是相同的，只是以「我」的角度來看，你擁有的永生應該這麼來看……

死亡的真諦

※以下內容請勿誤解誤用，從消極面或積極面來解讀會出現完全不同的意義，消極面不是「我」要的，那是煙火的「空包彈」不是「火花」，請勿曲解永生與死亡的意義，我會清楚地說明，不留模糊空間，不會讓有心人從中操作，也請你務必慢慢的看完，不要斷文取義，切記切記※

其實人們對永生並不是那麼的強烈渴望，人們真正害怕的是死亡及死亡後所失去的一切。

所以越是擁有財富、擁有權勢的人對永生越是渴望，尤其是國王、皇帝，所以古人煉單尋仙，就為長生不老。

可是死亡是為了讓「我」獲得新的角色、新的生命、新的體驗、新的覺悟，「我」一定會存在，所以即使現在的「我」生命到了終點，這也是在等待「我」的再生，因為「我」需要新的「我」，「我」是絕對必要的存在，沒有「我」，就不會有你、不會有他，所有相對於「我」的人、事、物，都會因為沒有「我」而不存在，所以，死亡是舊的我結束，記憶結束，重新創建角色，「我」又有了新的視野，從不同角度來理解並共同建構這個世界，這個動作已經重複不知幾千萬次，理論上死亡對「我」來說已經是非常有經驗了，但對現在的我來說生

命只會有一次的機會，我不能濫用它，不能浪費它，不能因為這個角色過得很糟，就把這個人生自我中斷，相反的，神之所以為神，並不是他會飛天遁地、呼風喚雨，相信你也沒看過，正是因為在逆境中熬出不可能的可能，在苦痛中悟出無常中的必然，創造出普通人認為不可思議的奇蹟，跨越自己認為不可能跨越的障礙，這才是神，別人尊敬你與否並不重要，重要的是你相信了你自己，你尊敬了你自己，你超越了你自己，所以「我」要非常珍習它，因為**「我」是用今生所有痛苦與歡樂所建構的圓滿來成就這個死亡**，重點在於「圓滿」，這個圓滿就是你的天堂，人生就為了這一刻。

中國道家平日就是在參悟陰陽消長、生死交替，修練圓滿的最後一氣。

佛家正覺，超脫生死，高僧總能感應即將功德圓滿，他們會不斷唸經，甚至大聲地唸，唸到入證涅槃。

猶太教、基督教、伊斯蘭教、天主教……等，他們的信徒在彌留之際可以見到他們的神、上帝、真主來迎接他們，慈祥的天父、吹樂的天使、潔白的天空、圓滿的靈魂……

你會發現不管是誰，都渴望最後一刻前的平靜，所以不管你屬於哪個宗教，虔誠的信仰，你一定可以得到最後的寧靜平和；那如果你不信教呢？倒也不用擔心，你有永生，在彌留時你會有一段「幻光歸寧期」，你要把它當作天堂並無不可，那不過是意識與肉體斷開的「離痛覺」或說「解脫」，血液停止流動，大腦缺氧，腦神經細胞會有一小段時間前所未有的活躍，你會看到你想看的，你所有的圓滿會在這個時候綻放，所有的極小多維空間釋放，好好珍惜，這種輕飄無痛的感覺不會太久，地球時間大約短短數分鐘，雖然相對論認為「速度越快，時間越慢」，也就是推論從心跳停止到腦神經停止運作的

這幾分鐘會因爲大腦神經快速運動而感覺時間變慢，感覺上可能會有一天甚至到一個月，不管你感覺有多久，「我」都不會讓你去所謂的天堂或地獄，因爲已經沒有「舊的你」，「我」不會讓「新的你」等太久，你會有很多事要做，解不完的任務、數不完的的體驗，不用急，屆時先好好的休息一下，睡個覺，睡飽了，「我」會叫醒你。

【第26道檢視】

如果死亡一定會來，爲什麼我要害怕死亡？

A. 想也知道死亡一定很痛，看那些牲畜被屠宰時的嘶吼；

B. 不會啊！我看那些寵物臨走時都很平靜；

C. 我壞事做了不少，我不是怕死亡，我是怕死亡後的地獄；

D. 我是害怕失去世間的財產和依戀；

E. 其他＿＿＿＿＿＿＿＿＿＿＿＿＿＿＿＿＿＿。

第一次檢視選擇	第二次檢視選擇	第三次檢視選擇

【第27道檢視】

在今生死前那一瞬間我可能會想到什麼？

A. 不要啊！我的錢還沒花完；

B. 終於可以結束這個無聊的人生；

C. 還有好多的事還沒做，還有好多的話還沒有跟愛人說；

D. 好痛，怎麼還沒有結束；

E. 下一個我會比現在這個我更有趣嗎；

F. 其他＿＿＿＿＿＿＿＿＿＿＿＿＿＿＿＿＿＿。

第一次檢視選擇	第二次檢視選擇	第三次檢視選擇

【第28道檢視】

我曾經是老虎或狗之類的動物嗎？動物會轉世為人嗎？

A. 會，就像人死亡後也會在天堂等待升到更高一級的世界，動物也有靈性，牠們在死亡後也會在天堂排隊等待「升級」，尤其像豬、牛、雞這類被豢養的動物對人類貢獻這麼大，不讓牠們上天堂並轉生為人就太不公平了；

B. 不會，每年人類吃掉的牲畜超過百億隻，但每年誕生的人口不超過一億，這還沒有計算野生動物出生的數量，從數量上來看並沒有正相關，所以不用擔心吃到你懷念的人；

C. 會，從人類的各種個性來看，有像羊的溫馴、有像虎的殘暴、有像牛的堅韌、有像狗的忠誠、有像貓的優雅、有像鳥的自由……，所以我可能是由各種動物包含人，大量且隨機的靈魂集結成一個人的靈魂；

D. 不會，動物雖然有靈性，但智慧開不起來，牠們的一切動作都是本能反應，無法有「我」的概念，就更無法理解「靈魂」及「理念」這些形而上的「思想」，思想這道牆會阻隔動物轉生為人的機會，除非哪一天牠們也發生了突變而產生了思想；

E. 其他＿＿＿＿＿＿＿＿＿＿＿＿＿＿＿＿＿＿＿＿＿＿＿＿。

第一次檢視選擇	第二次檢視選擇	第三次檢視選擇

你終究是神，
因為你是我的永生

【第29道檢視】

假設現在有一種疫苗，施打一劑即可以強化幹細胞新生，常保青春，身體機能不會老化，經上萬例測試及一百年的追蹤都沒有發現副作用，我是否會接受這種疫苗？

A. 重組基因沒問題，就算不打這種疫苗，人也會有其它變異，這些變異也是從基因的改變開始；

B. 沒有副作用的話當然可以，花再多的錢也值得，總不能輸給別人啊；

C. 「永生疫苗」是一百種人類自我毀滅的其中一種，人類人口大量增加，意味著居住品質的惡化、能源過度消耗而匱乏、國家養老福利被拖垮以及更多的壓力及污染加快人類基因變異的機率；

D. 如果人人都打了「永生疫苗」，會有悲慘的情況發生，雖然自然死亡率大幅下降，但自殺率會大幅提升，因為人很難死，一旦活膩了或生病，要用自殺才能換一個角色，而自殺是得不到神的祝福，不管是信仰上的神還是自己這個神，這個時候大家才會知道自然死亡是今生最珍貴的禮物；

E. 其他＿＿＿＿＿＿＿＿＿＿＿＿＿＿＿＿＿＿＿＿。

第一次檢視選擇	第二次檢視選擇	第三次檢視選擇

【第30道檢視】

人類是我作為永生的載體或容器嗎？我有可能轉生成為外星人嗎？

A. 我的靈魂會不斷進階升級，這一生在地球上當人，下一生會在更高等級的星球接受精神試煉；

B. 下一個我也可能出現在剛已知用火的時代，因為我是外星人在遊戲的角色，目前難度等級低，如果他想挑戰最高難度，就會把我設定在剛已知用火的時代；

C. 其實人類就是所謂外星人的靈體，要不然怎麼會唯獨人類與地球上的動物有著思想上的巨大差異，所以我們都是新移民，藉由人的肉身來完成永生的實驗；

D. 如果真有外星人並且消滅人類占領地球，那麼我將以這個外星人的形態出現，因為我一定會存在，也就是說我就直接升級了；

E. 根本沒有外星人，正確說法是沒有UFO，就跟神一樣都是人類編造出來的，真有的話早就開打或合作了，或者以神的姿態洗腦地球人；

F. 其他_____。

第一次檢視選擇	第二次檢視選擇	第三次檢視選擇

神的四本柱

上一章提到「永生」、「自由」、「智慧」與「愛」就是「神性」的四大支柱,這是神擁有的基本特質,你應該無須懷疑。

回過頭來說,這四個神的特質在你身上也看得到,也可以說是你天生擁有的「四大金剛」,你可以想像你身邊有四大護「法」隨時在保護你,你就是那個「法」,世間萬物都有存在之「法」,或說「法性」、「佛性」、「神性」,這些「法性」在等著你的互動感應。

「法性」在哪裡?書本裡、遊戲中、拚鬥時、對話間……,一支草一點露,在一切的互動之間你得到多少感應?認識別人的感應稱為「啟發」,瞭解自己的感應稱為「覺悟」,你是不是不知不覺中錯過了很多的「啟發」和「覺悟」?

不用太擔心,你的四大金剛都偷偷地把這些感應摺疊在大腦內的多維空間了,哪一天你有需要的時候,你可能會同時展開上百個多維空間將裡面的某個點或某條線作連結,只要這些空間沒有被覆蓋或死捲。

所以后翼棄兵(The Queen's Gambit)裡女主角可以躺在床上將天花板當作棋盤並計算棋路,這是把所學或遭遇拿出來複習檢討。順便問一下,你躺著的時候都在檢討誰?

很玄嗎?劇情嗎?可是這些動作你每天都在做啊!

從某個背影認出某個人、突然做了一個很幽默或自認很幽默的回應、在會議上討論專案計劃或技術規格、開車時同時計算移動中的車輛和行人並隨時對可能的突發狀況做因應、在團體戰打Boss的時候同時關注自己的血量和隊友的血量和Boss的

血量並同時發招閃招然後還有時間打字⋯⋯

　　這些都只是說明大腦是可以訓練的，並且經常使用的組合會自動建立成一個反應模組，也就是俗稱的「直覺反應」，其實就是刺激大腦神經突觸活化，越用越靈活。又離題了是吧！這就是大腦的多維空間一直在展開並延伸，抱歉！

　　能做我護法的不是應該像「武力」或「防禦」或「正氣」這種特質？你是不是比較想讓關羽、雷神索爾、鋼鐵人和貂蟬做你的四大金剛？

　　「永生」、「自由」、「智慧」與「愛」是要怎麼保護我？

　　用「人」的角度看，你當然看不到，試試用「神」的角度吧！

「永生」議題方興未艾，上一章講的是感觀認知的「永生」，大家所渴望但求不得的「永恆的生命」，接下來要談的是「宏觀永生」與「微觀永生」的實作，是屬於已經存在的「永恆的生長」，這才是在保護你的金剛。

宏觀永生

「宏觀永生」又分兩部分，「人的宏觀」與「神的宏觀」。

人的宏觀在第一章就講了，現在的「我」就是「第一個我」的永生，未來還會有「我」，所以「我」會一直存在，這就是人的宏觀永生。

在討論神的宏觀之前，讓心魔先開個腦洞，有一個創造宇宙萬物的神，跟一個黑洞，是黑洞會吞噬神？還是神可以回收黑洞？

再來一些跳Tone的類比，黑洞吞噬中子星會不會是相當於人的巨噬細胞吞噬病毒？或是天體在清除垃圾記憶？各星系的恆星之間是否利用光的傳播在進行如大腦資訊交換的動作？

你可以斥責這些類比不倫不類，心魔講的是神的宏觀，那個神就是你，你可以繼續當人，你仍然擁有人的永生，然後繼

續為了賺錢而忙碌、為了被超車而不爽、為了政治目的互相攻擊、為了杯子洗不乾淨而自責……，不是吧！這樣的永生會累死你，目前全球78億的人口，下一個你可能在戰亂中也可能在飢荒中，更有可能成為你現在所施暴或嘲笑的對象，也說不定成為某個星球有智慧的多腳黏稠生物，所以你還要繼續很認分的當個人？

那也是你的自由，心魔還真的不能干涉。其實很多有錢人或樂天派還真的是什麼都不用愁，每天享樂找新鮮事玩，過得比神還好，你能快樂就好，倒不需要到心魔這裡找罪受。

如果你是沒有煩惱和痛苦的人，永生的宏觀與微觀對你的意義就不大；如果你的煩惱和痛苦從來沒斷過，就讓心魔帶你走進神的宏觀永生。

某個電影情節描述男主為了幫女主取得黑洞的數據，把可調幽默值的機器人丟進黑洞，並且男主從黑洞裡找到五維空間然後跟女兒做空間裡的撥時間感應……，如果連光都跑不出黑洞，機器人的訊號送得出來？想要爭得太空霸權的國家還不趕快將衛星往黑洞送？更不要說男主與機器人應該早先被壓縮成小紅豆及小鋼珠。

所以回到前面開的腦洞，你以前所信仰的神如果走進黑洞呢？黑洞不是他創造的嗎？還是惡魔所創？那麼惡魔走得出黑洞嗎？

所有一切的場景、環境、背景、布置看起來像是早就設定好的，連神或魔都沒有這個能力改變這個最原始的Set，在神之前的存在，即使是神想要瞭解這個Set，都必須一點一滴的累積，並且需要經過永生的概念才累積得起來，而這件事情你正參與其中，即使你正在躺平狀態。

那麼如果所有一切的背景與理論都是由所有的「我」所

累積，你現在所享有的一切都是所有的「我」所貢獻，你現在所做的累積與貢獻也會直接或間接地供給予未來的你，即使你的付出很小，就像一個表皮細胞之於一個巨人，但是請把你的視角拉高到地球衛星這個位置，並且放眼到十年之後、百年之後、萬年之後……

神的宏觀就是上帝視角加上未來之眼，你所看到的就是永生，稍後請閉眼模擬遠眺未來，給你二十秒鐘……

（還沒喔！）

（說好的二十秒喔！）

（你有模擬嗎？）

（不能偷看！）

（是時候了！）

（神降臨了！）

（？？？）

哈哈！中招了嗎？沒有一個一般生物會做這種模擬，你要說幻想也行，沒有一種普通動物能看得出心魔在玩什麼，嘿嘿！這下子你回不了頭了。

十年後、百年後、萬年後的你，一樣可以從高山、從天空、從外太空的角度來看這個地球，或者你需要從教科書或紀錄片才看得到地球，又或者你已經是占領地球的外星人的後代，那個時候不會自稱外星人，而是自稱新移民或者原住民，不管如何，我和你的神一直在看著星球上的生生死死、潮起潮落，這件事一定會發生而且已發生並且永遠進行中，見證這一切的神、累積這一切的神、Set這一切的神，就是你/我。

順帶一提，以千年之眼看古今及未來，今天的人類可以挖到千年前的古物或寶藏並讚嘆古人的智慧；千年後的你挖到的可能都是塑膠杯或核廢料並咒罵前人的自私，玩玩看，滿有趣

的。

　　永生並不要求一定要以人的形態呈現，哪一天一個宇宙的幅射風暴掃過地球，突然動物開始產生變異，逐漸有了自我意識並開始傳承知識，那個時候統治地球的就不一定是人了。

　　人只是一個軀殼啊！下一個你的軀殼有沒有可能是隻海龜？你的鼻子有沒有可能插著塑膠吸管？呵呵！誰知道呢？

　　從神的宏觀來看……背景環境都是人類建造的啊！這樣神不現身的理由就說得過去了，神就靜靜地看著因果循環的必然吧！你也一定看得到，你是神啊！

微觀永生

　　你有沒有指揮你的心臟怎麼跳？你有沒有指揮你的血液怎麼流？你有沒有指揮你的細胞怎麼再生？都沒有吧！你的身體都幫你管理得好好的，只要你不要虐待他、破壞他、傷害他，這個軀殼出奇的神，會自癒、會再生，換個角度來看，你的身體無時不刻地在做永生的更替這件事，這個角度就是微觀永生。

　　你能控制自己的必要項目就是管理進、出，也就是吃食物及排泄，其他的部分，你的身體都會幫你打理好，打從磨碎食物、消化及吸收、氧氣與二氧化碳的交換、心臟的自行跳動、細胞的自噬與再生，甚至連你最硬的骨頭也都十年就換一次，即使你已七老八十，所以你從來都不知道你的身體超忙的，光是每天就有三千億個細胞崩解與新生，尤其在你哀傷與具有壓力時死的特別多，只要哀傷與壓力不是持續存在，神奇的身體會自己做平衡補充。

你終究是神，
因為你是我的永生

所以從微觀角度來看，即使是小小的細胞也必須透過不斷的凋亡與新生來完成實我的持續存在，老的細胞失去了活力和彈性就必須要被新的細胞更替，如果舊的細胞都不死，這也意味著新的細胞無須再生，那就是殭屍模式了；又如果舊細胞不死，新細胞繼續增生，那就變成腫瘤了，而且意味著你要消耗更多的能量，那麼你就要吃更多的食物，這代表人類死亡原因排名的第一名將由餓死所取代。所以我為了要永生，老化與自然死亡是必要的，「我」的自然死亡是為了成就未來更好的「我」，這才是永生的目的。

　　微觀的永生是最實際且最平凡的觀察，因為它太平凡所以鮮少有人關注，我們總認為永生是天上的事，是遙遠的，是宏大的，但其實就在我們身上，而且是很自然的運行，自然到你沒有感覺，現在的你如果對你的身體有了感覺，知道他對你的付出，你就應該好好愛惜他，你快樂，他開心；你傷心，他就死更多的細胞給你看，連免疫細胞都罷工。

　　上面的敘述是跨張了點，不過身體是你自己的，沒有人會幫你痛，甚至愛你的人會因為看到你痛而跟著感覺到痛；但討厭你的人會因為看到你痛而開心不已，很有趣吧！只有人會這樣。

　　咦！心魔不是說永生是四大金剛之一，會保護我，怎麼只會讓我痛啊！

活著就是永生

　　以下屬於應用層面的介紹，心魔只是跟你說工具怎麼應用，治療的工具在你自己身上，心魔沒有治療的能力，一切都

第七章
永生

要靠你自己來復原，不要忘了你才是那個神。

還有，雖然你是神，但肉體可不是，肉體自癒仍有其極限，所以專業的問題還是交給專家比較妥當。

如前面所述，微觀永生見到了我們身體強大的再生能力，身體的傷口會癒合，身體自我防禦及復原的機制這裡不再多說，你經常在體驗，光是拔智齒就有四次的癒合。

所以重點會放在永生對於精神方面的復原，你只要培養上帝視角的技巧，你對於壓力及痛苦的防護罩便永久生成。

大概只有人會有這麼複雜的情感糾葛與沉重的文明壓力，也因為人有無限的可能，所以自然也就有無限的欲望，人類就變成一種同時存在著痛苦與享受或痛與無奈並存，並且自我矛盾的心靈畸形。

自己不愛唸書卻要求小孩要用功讀書、超不喜歡被別人比較卻又喜歡比較誰跟誰、在上班時把放屁和便意都忍了下來然後再去精神科看醫生、坐雲霄飛車和海盜船、明知在一起沒有結果但是放掉又不甘心、用折磨自己來折磨另一半……

你有沒有看過哪一種動物會像上面所說的這樣自我矛盾？

四大護法之一的「自由」可以兼容或釋放這種自我矛盾，但是痛苦的根因是來自於你沒有永生的信念，你一直認為永生是靠別人或神給的，而不曉得這個工具是你與生俱來的神性，這個神性正是可以幫你化掉絕大部分精神上的痛苦和矛盾。

怎麼化解痛苦？都被背叛了永生是能幫上什麼忙？永生能喚回我的愛人嗎？永生能治療病痛嗎？

當然不能。

不過你還記得宏觀的永生嗎？上帝視角的永生？

你一直執著你身上的那副軀殼的話，他會折磨你一輩子，他就會變成是你的牢籠。

抽離你的軀殼，這個軀殼是你隨機得到的，他是你完成你的精采的一個工具，是必要的工具，但不是束縛你的籠子，模擬一下，你的神飛到離地一萬英呎，從高空的角度看地球上的形形色色，過去與未來，每個人都活在試煉中，過去是如此，未來也是如此，你不需要藉由出家來逃避這些試煉，或是被動的接受這一切都是因果，相反的，心魔會建議你先感受這些痛苦，體驗一下，未來的人類搞不好利用基因工程或疫苗把這些痛苦的受體取消或隔離，這很可惜，痛苦也是一種動力，是可以拿來利用的，是你藉此覺悟的大好機會，有沒有讓你更清醒？有沒有讓你反省？有沒有讓你更堅韌？有沒有讓你更珍惜？

如果飛太高看不清楚，要不然飛百米高就好，從旁觀的角度看你自己的軀殼，看看這個笨蛋跟其他的笨蛋有什麼不一樣？需要同情這傢伙嗎？這個世界是不是有比這個傢伙更需要得到照顧的人？還是這個傢伙現在真的很可憐，我應該去安慰他？

你應該告訴他：「你並非一無所有，你還有疾病三十多兆的細胞一直在你身上陪你並肩作戰，他們和你一起成長不離不棄，而且永生也一直陪伴著你，只要你活著，永生就會幫你找到答案解開痛苦，或者找人幫你解開痛苦，或者找另一個笨蛋一起陪你分享痛苦。」

永生不單是幫你淡化痛苦，他真正的功能是成為「自由」、「智慧」與「愛」的介質，這些介質會是所有問題的答案，就像空氣必須存在你才聞得到香味，所以永生的存在就跟空氣一樣平凡，但，通常平凡的人、事、物都是必須存在的人、事、物。不要以為心魔在說你，我說的是我們。

【第31道檢視】

所以「永生」是什麼？又一個精神論述或形而上的說法嗎？

A. 一直都是精神主義不是嗎？只不過是把所有權從神的手上拿到人的手上；

B. 「永生」本身就是一個有矛盾的名詞，因為如果有「永生」那就代表有「永死」，但是現在的我是活著的，就不可能在「永死」的狀態，「永死」不成立，「永生」也無法成立；

C. 「永生」是「1」，「永死」是「0」，「活著」就是介於0與1的量子糾纏，「有意識的活著」才是趨近於1的「永生」；

D. 「永生」就是空間裡的＿＿＿＿＿＿＿＿，所以說＿＿＿＿＿＿＿＿能忘記痛苦，＿＿＿＿＿＿＿＿也能讓你找到新的出路；

E. 其他＿＿＿＿＿＿＿＿＿＿＿＿＿＿＿＿＿＿＿＿＿＿＿＿。

第一次檢視選擇	第二次檢視選擇	第三次檢視選擇

【第32道檢視】

如果「永生」是與生俱來的，那我還要追尋他嗎？

A. 不需要，我自然就會呼吸，不需要刻意去呼吸；

B. 需要，呼吸和深呼吸是兩回事，人在繁忙有壓力時呼吸會變得淺薄，此時氧氣交換率變得很差，通常壓力釋放時身體自然會「吐大氣」，這表示深呼吸是身體的平衡機制，「永生」也是同樣提供了基本需求與平衡調節的功能；

C. 不需要，不存在的東西是要怎麼追尋？再賺不到錢我就要「往生」了，吃飽太閒的人才會在那邊聊「永生」；

D. 需要，「永生」就像一張圖畫紙，他提供了空間，而我需要

付出時間去設計並繪製這幅畫；

E. 其他_____。

第一次檢視選擇	第二次檢視選擇	第三次檢視選擇

【第33道檢視】

如果細胞的生長與凋亡是為了持續這個人的生命，那麼人的成長與死亡是為了持續什麼東西？

A. 持續物種啊！就像花開花謝是為了散播種子以延續物種；

B. 延續本家香火，不孝有三，無後為大；

C. 人死留名，就為了延續這輩子個人的名聲；

D. 這輩子不記得上輩子，下輩子也不會記得這輩子，其實彼此並無相關，但可以確定的是「我」一定會持續到永恆；

E. 其他_____。

第一次檢視選擇	第二次檢視選擇	第三次檢視選擇

【第34道檢視】

會不會真的有一個「我」在看著我？

A. 只要對著鏡子就能看到「我」，然後「我」就會看著我；

B. 吾日三省吾身的時候就是以客觀的角度在看自己；

C. 在夢裡我就能抽離了，因為我看得到我自己；

D. 舉頭三尺有神明，若我就是神，那麼確實有個「我」在看著我；

E. 若要人不知，除非己莫為，有個「我」在看著我，他叫「良知」；

F. 其他＿＿＿＿＿＿＿＿＿＿＿＿＿＿＿＿＿＿＿＿＿＿＿＿＿＿＿。

第一次檢視選擇	第二次檢視選擇	第三次檢視選擇

【第35道檢視】

如果活著就是永生，但是活的很痛苦呢？這不能算永生吧？永生應該要快快樂樂、無憂無慮不是嗎？

A. 是的，電線上雀躍的麻雀和魚缸裡悠游的魚最是快快樂樂、無憂無慮，所以他們都得到了永生，不再轉世為人；

B. 痛苦的種類大約百種，快樂的方法超過一萬種，但人經常因為幾個痛苦就自我逃避，拒絕隨手可得的快樂，這不是世界的問題，這是自己的選擇；

C. 人類最厲害的功夫就是把痛苦放在心裡不說出來，然後再來責怪沒有人瞭解我，當別人想瞭解時卻又婉拒，如果把這種功夫也帶到所謂永生的世界，那還不是跟現在的世界一樣；

D. 在永生的世界裡，一切的現象都是可以被檢視為有意義的存在，得到這些意義並朝著自己充滿障礙的理想前進，這才是永生的樂趣，要不然去當魚就好，當一隻很快就忘掉痛苦的魚；

E. 其他＿＿＿＿＿＿＿＿＿＿＿＿＿＿＿＿＿＿＿＿＿＿。

第一次檢視選擇	第二次檢視選擇	第三次檢視選擇

你終究是神，
因為你是我的永生

第八章 自由

「神」是自由的，不受限的，被受限就不能稱作「神」了，可以接受的話我們直接做題……

唉！「自由」！多少罪惡假汝之名行之。

不講清楚的話，心魔就要背黑鍋了。

這個章節會著重在心靈的自由，制度或環境上的限制不是心魔能過問的事，例如你生了小孩，你就再也不能夜夜笙歌、燈紅酒綠，心魔總不能叫你把小孩丟下，自己快活去，自由不是這麼解釋的。

〈聯合國世界人權宣言〉重申了美國羅斯福總統的四大自由精神：「人人享有言論和信仰自由並免於恐懼和匱乏」。

這太難了，並不是難在這個理想的實現，而是難在人對自由也有恐懼，例如有人認為太過自由會造成社會混亂，或是自己這個民族需要被管理不能太自由……，真是奇葩，心魔彷彿聽到毛毛蟲在恐嚇蝴蝶：「蝴蝶啊蝴蝶，你飛那麼高不怕摔死嗎？」

就算蝴蝶跟毛毛蟲說過你以後也會飛，毛毛蟲自己也知道自己有隱形的翅膀，但是對於改變，恐懼多少是會有的。

你如果喜歡恐懼，那也是你的自由，就像有人愛看恐怖片，有人喜歡恐嚇自己來為失敗先行舖路，有人喜歡恐嚇別人是因為他在分享他所受的恐嚇……

提到分享，心魔來分享一下，自從試著從神的角度去看事件或問題，就發現很多有趣的事，有一種論述是：「這個世界是人描述出來的」，確實，「神」、「靈魂」、「天堂」乃至於電腦程式都可以是人所描述出來的，那麼人所描述的都是正確的嗎？我們可不可以從神的角度來描述這個世界？

認識自由

所以請你試著從神的角度來定義「自由」的精神，你可以在坐等紅綠燈時想這件事，也可以在蹲馬桶時思考如何定義，心魔就先分享心魔的定義：

自由就是光，自由就是影；自由就是行為模式的自我實踐，也是思想模式的無拘無束；**自由更是世界與次世界之間的蟲洞。**

講光影好像太籠統，但這真的需要你自己體會，你抱不到他，但他跟你形影不離，你怎麼動，他也跟你怎麼動，影子從來沒有限制你，光更沒有，甚至你不同的動作就會造就不同形狀的影子，這影子是形象、是名聲、是財富、是恩怨情仇，是你帶不走的所有做過的夢，雖然帶不走，但你會讓屬於你的光與影建構你理想中的精彩，你可以說啃老是你的自由，你也可以說欺負弱小是你的自由，但心魔相信那並不是你理想中的精彩，那也不是你理想中的自己，所以那不是真的自由，頂多只是拒絕面對自己的藉口。

詩人荷馬即使失明，沒有人能阻止他讓《奧德賽》成為史詩；從耳疾致失聰，貝多芬的〈第五號交響曲〉告訴你他絕不向命運低頭，就算你失去行動上的自由、感觀上的自由，也阻

止不了你在思想上的萬丈光芒。

史蒂芬·霍金的故事都還拍成了電影！

能限制你的從來都不是制度與環境，而是你自己。

心魔知道你會認爲這世上很多人爲了自由而犧牲了自己的生命，制度與環境怎麼可能沒有限制到人的自由？

你是人，當然會受到限制，你不能亂丟垃圾、你不能隨便打人、你不能殺人放火、你不能闖紅燈……，太多了，而且自由也不是給你拿來任意曲解的。

孔老夫子說隨心所欲而不逾矩，卽使是聖人也有「矩」在那裡不能逾越或挑戰。

只有「神」能突破這個限制，這個「神」是「精神」嗎？

不是阿Q好不好，別那麼消極，這個時候談「精神」眞的是有點廉價，請耐心聽我解釋，心魔儘量用你能理解的敍述來說明，如果你還是不能理解，切記，是心魔表達能力不夠，不代表你不是「神」。

心魔會從屬於「神」的「自由的本質」與「自由的回饋」這兩個項目來說明，記住，這個「神」是由「我」開始到無以計數的「我」所累積，你的角度要跟心魔一致，才能看到……不要說這是「眞相」好了，就當作去看另一個世界。

自由的本質

自由應該是無拘無束、隨心所欲，做一個人類來說，對自由的渴望只有增加不會減少，所以你會聽到人身的自由、心靈的自由、免於恐懼的自由乃至於財富也想自由。

但是矛盾的點太多，例如結了婚或生了個小孩，講好聽的

是多了個甜蜜的羈絆，但羈絆就是自由被限制了啊？爲了財富自由，所以現在開始996？因爲疫情的關係，人們被要求待在家裡，限制行動自由……

所以你會發現自由是條件交換的，是要犧牲的，是要選擇的，那麼這樣的自由還是自由嗎？

唉！自由這個話題應該是輕鬆的，怎麼會搞到這麼沉重呢？

哦！不如來輕鬆一下，玩個有趣的角色扮演實驗。

【扮演角色】：神（或外星人）。

【實驗對象】：人類。

【實驗目的】：觀察並探討自由的本質。

【道具背景】：五個相同環境的地球模型（前三個模型約爲百萬年前，不含文明，若有人死亡就再補滿原設計人數）。

【模型代號與實驗人數數量】：

甲．初始只有一個成人的地球，不限性別。

乙．初始只有兩個成人在一起的地球，組合爲一男一女。

丙．初始只有三個成人成群的地球，組合爲二男一女或二女一男（同性組合心魔不研究，你喜歡可以自己建模型）。

丁．與今相同人數及文明但都像綿羊一樣和平的地球。

戊．與今相同人數及文明但分裂爲多個彼此合作或仇視的陣營。

【觀察＿甲】：（初始一個人）

1. 只有一個人，眞的很自由，沒有其他人干涉他做任何事。

2. 但很快就死掉，因爲在睡覺時會被野獸攻擊。

3. 無法繁衍，除非讓他自體生殖。

4. 經驗與技能無法傳承，自創文字也沒人看得懂。

＃小結＿甲：

1. 一個人看似最自由，但他大部分的時間都在找食物及防衛，連一件衣服都沒有，想生個火都得搓個半天的乾木。

2. 沒有溝通的對象就會失去自我意識，活著的目的只是為了生存，那就跟行屍走肉沒什麼差別。

3. 自己一個人很自由，但請問，他要自由做什麼？享受一下自由的陽光可能就被老虎吃了，所以只有一個人的世界，**自由的存在無意義。**

【觀察＿乙】：（初始兩個人）

1. 有可以彼此保護及相互溝通的對象了，有經驗的分享，就可以建立經驗法則，提高生存率及生產效率。

2. 因為要共同對抗惡劣的生存條件，二人必須合作，相互聽取對方指揮，個人意見不同一定會有摩擦，為了合作必須放棄部分個人主見及自由。

3. 女性懷孕後失去機動性，喪失更多行動上的自由；生完小孩後還要應付小孩的哭啼，稍微大一點還得講個虎姑婆的故事騙小孩睡覺（不要跟我計較世界第一對男女哪來姑婆），想睡個好覺的自由都沒了。

4. 因為溝通模式建立了，可以用圖案來作為記事的符號，但是得找個堅硬的石壁來刻上圖案作為傳承，一旦經驗可以累積並傳承，人類便開啟了文明，有了文明，後人就可以有更多的時間做專精或開發其他領域知識。

＃小結＿乙：

第八章
自由

1. 在只有兩個人的情況，其實對自由比較無感，因爲合作的利益大於獨立自主的利益，甚至是生存所需，沒有選擇。
2. 互助的兩人因「被限制」所付出的犧牲，目的是爲了傳承未來的生命，所以在惡劣的生存環境下，有比自由更重要的追求，即是生存與繁衍。
3. 因「被限制」而萌生對應的「自由」的概念，但這概念不是必要選項，甚至這概念可能有害，所以「自由」是無法被接受的。

【觀察＿丙】：（初始三個人）

1. 包含在模型乙的所有現象。
2. 只是多了一個人，但多出更多的分歧結果，這個模型多跑幾次大致出現四種情況（此三人還不會有夫妻的觀念，但以下用夫妻概念來比諭比較容易了解），一夫一妻一奴、一夫一妻一離、一夫二妻、一妻二夫。
3. 大部分會出現一夫二妻或一妻二夫的情況，因爲基於互助而共同生活會是最大利益。
4. 但因摩擦或資源限制或主觀占有意識影響，可能出現第三者離開或被壓迫爲奴。

#小結＿丙：

1. 對異性獨占慾的影響，可能造成第三人被驅離生活資源範圍，通常是以高山或河流爲界，這形成疆域概念，限制移動自由。
2. 條件相對弱勢的同性，可能成爲強勢者的奴僕，要負責一切勞務，獵到的野雞也只能分配到骨頭、雞頭和屁股，永遠吃不到雞腿，失去行動與決定權、分配權的自

由。

3. 在生活資源不足的情況下，弱勢者一定被排擠，就像母鳥一定優先餵食強壯的子鳥，此時弱勢者便面臨選擇，選擇繼續被壓迫或選擇自由。

【觀察＿丁】：（現代，設定人皆為綿羊性格）

1. 此模型堪稱為天堂模型，沒有爭鬥，互助和諧，資源無限供應，每個人都可以過著自己想要的生活。

2. 但是不出三十年，生育率急速下滑，人口出現負成長，老年人口增加，新生兒銳減，大家開始認為出生率是別人的責任也是政府的責任，自己只想自在安穩的過日子。

3. 沒有壓力與恐懼的刺激，生物求生與繁衍的慾望也跟著躺平，專有名詞叫做「行為沉淪」，25號宇宙實驗堪為借鏡。

#小結＿丁：

1. 在沒有外在壓迫與刺激下，人類擁有絕對的自由選擇自己的人生，也因為這個模型設定人類皆為和平性格，所以不會起爭執，更不用說殺戮，也因為如此，生育被排除在人生必要項目之外，過度自由竟是人口逆成長的主因。

2. 25號宇宙的實驗結果是安逸的老鼠最終滅絕，雖然人類會有憂患意識，但觀察現實的世界人口，富足、安逸的國家生育率約在百分之一左右，而貧窮、戰亂的國家生育率卻在百分之二到五，甚至一些已開發國家的人口已經在負成長，所以這不是實驗，這是既定現實，而且無法阻擋，因為人人都想自由。

第八章
自由

3. 如此看來，在小結乙也提到自由的概念是有害的，在這個模型看來也是如此，那麼心魔說「自由」是神性的四大支柱之一，甚至是金剛，是在鬼扯囉？

【觀察__戊】：（現今世界模型）

1. 基本上在模型丁的現象也已經出現在目前地球的小部分地區，但這裡更多的是戰爭、飢荒、貧窮、疾病、歧視、壓榨、過勞……，這些都是人類創造文明的副產品，這些副產品又創造人類對各種自由的渴望，如：期待免於死亡恐懼的自由、享受食物充足的自由、享受財富主自的自由、享受健康生活的自由、獲得尊重與公平的自由、獲得肉體與精神自主的自由……

2. 人類過著「自由經濟」的生活，「數字」成為衡量成就的刻度表，為了所謂的自由，犧牲更多的自由，然後再努力地向「財富自由」匍匐前進。

3. 高喊「自由」成為一種高尚的人權主張，乃至成為強權的談判籌碼，在利益交換的背後，又犧牲掉多少人的「自由」？這種「自由」是人類的「自由」？還是專權者的「自由」？

＃小結__戊：

1. 人類的自由像是被創造出來的，像是一個獎品等你去追尋。

2. 朝秦暮楚是自由？同性婚姻是自由？侮辱元首是自由？是，這些都是自由，人類對於「形式上」的「自由」引以為傲，並不是「形式上」的「自由」不好，在演進的過程中，有總是比沒有好，只是人類一旦習慣了「形式」，模式化的思考方式，那就是一種「束縛」。

3. 「自由」跟「永生」陷入同樣的窘境，明明是自己擁有的，卻變成是自己要去爭取，大部分人還把這些追尋當成一生的職志，人類果然非常有趣。

上面是心魔的「神」所見所思，你的「神」應該會有一些自己獨特的見解，甚至你可以創建自己的模型，當個「神」玩玩看。

心魔知道你現在非常迷惑，自由看起來沒什麼好處又很虛假？在進入「自由的本質」的總結前，心魔先套用一個老掉牙的故事來解說普通人的「自由」、富有者的「自由」及神的「自由」差別在哪裡，這樣進入總結時你才不會那麼痛苦。

這故事已經有太多版本，大意是在度假的富翁建議當地漁夫多釣一些魚，這樣就能存錢買船抓更多的魚，然後存更多的錢買更多的船僱人幫你抓魚，二十年後你就能成為富翁像我這樣出來度假，「可是，先生，不用二十年，我已經在做你現在在做的事了啊！」

對漁夫來說，享受當下就是他的自由；

對富翁來說，先苦後甘，享受奮鬥的成果是他的自由；

那麼神會怎麼做？享受當下或是先苦後甘？

前面說了，「形式」會套住你，讓你倒果為因或是只看到表面。誰獲得比較出來的最佳結局不是重點，重點是你如何運用你的自由讓你不枉此生。

神可以是漁夫，神也可以是富翁，神可以有更多的可能。

當神是漁夫的時候，他熟水文熟洋流，他熟季節熟海域，他熟魚種熟魚性，他的自由引導他精進他的技術，讓他在一般人找不到魚群的情況下，他仍能滿載而歸。

當神是富翁的時候，他懂市場懂經營，他懂商品懂行銷，

他懂人才懂管理，他的自由引導他充實他的見識，讓他能夠自在地在不同的旅遊聖地度假。

你要富翁分辨沙丁魚與秋刀魚他可能永遠都搞不清楚，你要漁夫學管理學搞不好他馬上厭世，興趣與個性影響自由的方向，對神來說，**自由的心不會限制他的欲望，那是因為神不被欲望所限制**，如光與影的交錯，如陰與陽的融合，這才是隨心所欲，立體又有溫度的自由。

【模型觀察總結】

從模型甲看到只有一個人的「自由」沒有意義，但他仍擁有自由；從模型乙來看，二人互助的利益遠大於自由，甚至個人的自由可能對雙方都有害；從模型丙來看，三人的世界讓弱勢者面臨自由的選擇，逃脫成為自由的方法；從模型丁來看，「自由」正在侵蝕人類這個物種；從模型戊來看，「自由」反而成為一種「束縛」。看起來人類在追求的「自由」是一種「逃脫」、是一種「比較後的選擇」、是一種「做給別人看的形式」，這些都不是「自由」的本質，因為「自由」不會害人、不需要選擇，更不需要做給別人看，不需要對誰交代。

是不是越看越迷糊？「自由」的本質到底是什麼？不會真的是光和影吧？

其實很簡單，我們先假設有一個「真神」，這個「真神」通透真理，心無所限，那麼神需要「逃脫」嗎？神需要「被迫做選擇」嗎？神需要「做給別人看」嗎？

看到了嗎？神的「自由」和人的「自由」怎麼差那麼多？人以為獲得自由，但這個自由可能是「恩給制」，可能是「口號」，可能是「自欺欺人」，可能是「春去秋來」，「自由」怎麼會變成是不穩定的外在賞賜？這種患得患失的「自由」還

是「自由」嗎？

不要再拿你是人不是神當藉口，也不要再曲解「自由」，心魔就找小明來幫忙說明，這樣你就知道為什麼「自由」是你的金剛，是你的護法。

就以最常見的「工作壓力」來說，小明在公司要面對長官的責難，要面對客戶的刁難，做得不開心又不敢離職，因為有家庭的負擔，可能是房貸要繳，可能是妻小要養，可能是照顧父母，可能是償還債務，「自由」對他來說可能只是下班後玩個一個小時的手遊或電玩，或是聽個音樂喝個小酒，人生就只是條件式交換的選擇。

神會怎麼做？其實小明或是你已經在做了，你只是不瞭解整個運作的機制而已。

還記得前面已經多次提到「大腦的多維空間」，這個「多維空間」不但維度多，數量也很多，也就是大腦儲存了人脈網路世界、興趣世界、音樂世界、遊戲世界、旅遊世界、知識世界、運動世界、美食世界、情慾世界、恩仇世界、動漫世界、電影世界、汽車世界、時尚世界……，後面應該還有三千個世界你自己加，每個世界又分成各個種類與面向的世界，例如運動世界除了籃球、網球、柔道、田徑……，還有播報解說、賽事分析、工具評比、球員卡收集……

你可以自由穿梭在自己的三千大千世界裡，沒有人可以限制你，是的，你會遇到無盡的痛苦、磨難、挫折、壓力、委屈……，但對神來說，這一切都是必然的試煉，這些試煉是要成就圓滿的「我」，部分世界的「自由」還在學習和摸索，但一定有更多的世界是已經至善至美。下班途中渴望看到的黃昏、尋找少年時期曾經邂逅的旋律、愛人的擁抱、你小孩的歡笑、四十年前爸爸送的故事書……，那是你「自由」的聖地，

第八章
自由

不會有人侵犯干擾，或許時空遷移，人事已非，但你仍舊可以無限讀取，無拘無束，心歸神往，不用再逃跑，不用再被迫做選擇，不用再做給誰看，這個空間就只有純真的「我」，這才是自由的本質。

所以，「自由」並不是我想做什麼我就可以去做什麼，殺人放火、姦淫擄掠、坑蒙拐騙、為非作歹⋯⋯，這些都得不到「自由」，甚至是會失去「自由」，並不是因為法律的制裁，而是受害者的恐懼和痛苦會反射回來，它會「自動儲存」在你的大腦多維空間，成為「夢魘」，一輩子被「束縛」，所以這類罪犯特別需要宗教，希望透過信仰來洗滌心中的罪惡，重新獲得世俗所謂的「自由」。

虛假的「自由」會得到「束縛」，真正的「自由」是能獲得「回饋」的，所以如何辨識真正的「自由」，看你得到的反饋是什麼就知道了。

自由的回饋

在你手上的，就是你的嗎？你所擁有的，可是永遠的？
你所抓住的，是你想要的？你曾放棄的，可曾後悔過？
是否放手後，反而卻得到？是否執著的，只是一口氣？
你所吃的苦，只能是認命？你所受的傷，只能是痛苦？

上面這些問號，可能你已經輾轉反側了好幾個夜晚，這些問號在電視電影裡演過不知多少遍去了，李安執導一部飛來飛去的《臥虎藏龍》，最後就是在回答這些問號，感性的問號。有趣的是電影看得懂，精髓有抓到，卻無法帶到日常生活應用。

其實「自由」不介入這些問號，「自由」的世界裡沒有得失，那麼心魔為什麼要講「自由」的回饋？

這就是「自由」有趣的地方，這些問號經過你幾番輾轉反側的研磨並消化下，「自由」這個時候就會出來給你一個「Sign」，只要你抓到了這個「Sign」，你就得到了「自由」，也就是所謂的「覺悟」，這個「覺悟」可能是「放下」，可能是「微笑且勇敢的面對」，可能是「義無反顧的豪氣」，可能是「封印在多維世界的感動」，更有趣的是，當你得到這個「自由」後，你回頭去看那個最初的「Sign」，它可能是你朋友的一句話，它可能是電影裡的一個情節，它可能是雨後的彩虹，它可能是小草上的露珠，它可能是害你的人的一個竊笑，它可能是愛你的人的眼淚……，當你再抬起頭時，你會發現這些「Sign」無所不在，它們都在等你的微笑，記得微笑時禮貌的帶聲「謝謝」蛤。

【第36道檢視】

某人自小就受到無法遺忘的傷害，痛苦從未離去，對人產生懷疑與距離，因為恐懼，要如何才能得到心靈的平復與自由？

A. 復仇；

B. 姑息足以養奸，站出來舉發，勇敢面對；

C. 時間是最好的心藥，選擇遺忘，不再想起；

D. 該痛苦的不該是受暴者，神不會站在施暴者那邊，你我都是神，我們會站在善良這邊；

E. 其他＿＿＿＿＿＿＿＿＿＿＿＿＿＿＿＿＿＿＿＿＿＿＿。

第一次檢視選擇	第二次檢視選擇	第三次檢視選擇

【第37道檢視】

2020年新冠病毒大爆發，史上最大全球人類的行動自由限制，如果人就是神，神應該是自由的，為什麼人要被限制自由？

A. 所以證明人不是神，人非常脆弱，限制自由是保護人類；

B. 這個病毒證明了人類的自由是上天給的，上天隨時可以收回人的自由，並且給予放任自由的人染疫懲罰；

C. 自由是建立在不危害他人為前提，跟人是否為神無關，相反的，願意犧牲行動上的自由來保護家人與其他人，這高貴的情操不是只有神才會有嗎？動物並沒有這種概念；

D. 自由是隨遇而安，不管在什麼情境下，即使待在家中，時間並沒有因此而暫停，我一樣可以悠遊在各個有趣的世界；

E. 其他＿＿＿＿＿＿＿＿＿＿＿＿＿＿＿＿＿＿＿＿＿＿。

第一次檢視選擇	第二次檢視選擇	第三次檢視選擇

【第38道檢視】

在戰亂中的人渴望得到免於死亡恐懼的自由，在飢貧中的人渴望得到免於匱乏的自由，衣食無缺的人又渴望財富自主的自由，看起來人類永遠都處在「不滿足」的狀態，難不成「自由」是個無底洞？

A. 是啊，真的讓一個人什麼都有了，他就會開始害怕死亡了，反倒是戰亂中的人看慣了死亡，會更珍惜活著的每一秒；

B. 有一首歌是這麼唱：「有了夢寐以求的容顏，是否就算是擁有春天」，又說「吃碗內看碗外」，所以跟自由無關，「欲望」才是無底洞；

C. 戰亂與飢貧世界的人對自由特別的渴望，反而安逸平和世界

你終究是神，
因為你是我的永生

的人把自由視為理所當然，把物質擁有指數當作人生追求目標，因為不能輸掉面子，就算沒錢也要打腫臉充胖子，就算生活拮据也要名牌名車撐場面；

D. 有什麼欲望、要怎麼追求那都是個人的選擇，自由的本質是神性的釋放與自在，財富自主自由當然可以追求，重點是你抓住了財富，還是財富限制了你？

E. 其他＿＿＿＿＿＿＿＿＿＿＿＿＿＿＿＿＿＿＿＿＿＿。

第一次檢視選擇	第二次檢視選擇	第三次檢視選擇

【第39道檢視】

「自由」！多少罪惡假汝之名行之。

有哪些「自由」是「假自由」而害「真自由」揹黑鍋呢？

A.「新聞自由」＿＿大部分媒體都說自己是「公正」、「超然」、「專業」，然而我們雖然知道這是「對外說法」或是「理想」，但視聽大眾也縱容了這種看起來像「自由」的「不負責任自由」；

B.「言論自由」＿＿大部分出現在「談話性節目」或是社群的「政論版」，當仇恨、利益、僵屍帳號、木馬帳號、組織性操作……以自由之名介入了言論，就成了「帶風向」比賽大會或是「同溫層」的群聚場，「理性」早就被淹沒在口水裡；

C.「人權自由」＿＿我們維護了犯罪者的人權，然後讓受害者要學會原諒與放下？我們口喊「種族平權」，但仍處處流露出大多數種族的優越感及對少數種族的輕蔑及壓迫？我們厭惡「階級」，可是又愛看宮庭劇和王子與灰姑娘的故事，潛意

識期望自己進入「特權階級」？

D. 「性自主自由」__這是外遇者的最愛，「性」當然是「自主」，如果都是成年單身未婚，要如何「自主」外人都無法置喙，雖然「結婚證書」不是「愛情保證書」，但毀信棄諾、背離初衷、欺騙枕邊人不是神會做的事，並不是要死守枯萎的愛情，神要做的是面對與解決，這才是真正的「自由之路」，；

E. 其他＿＿＿＿＿＿＿＿＿＿＿＿＿＿＿＿＿＿＿＿＿＿＿。

第一次檢視選擇	第二次檢視選擇	第三次檢視選擇

【第40道檢視】

一個領域有著一個精采世界，三千個領域就有三千個精采世界，這些世界還可以相互串連組合出無窮盡的玩法，自由自在、任我遨遊，為什麼還是有人會被痛苦束縛住？

A. 因為當下造成痛苦的那個世界會變得特別大，大到以為只有這個世界，而且認為不把這個檻解決，自己會跨不過去，偏偏這個檻不是你能解決的，於是就整個卡在痛苦的循環；

B. 有些人是喜歡痛苦的，因為痛苦讓他感受到「存在」，甚至認為受虐可以獲得「愛」，但其實那只是「憐憫」；

C. 其實大家都很聰明，知道痛苦的原因在哪裡，如果是笨蛋反而就不知道痛苦了，就是因為知道痛苦在哪裡，但沒有勇氣改變，厭惡自己的懦弱，這才是痛苦的根因；

D. 古人的痛苦大多是被專制所壓迫，現代人的痛苦大多是自找的，因為接觸層面太多，關係一定複雜，摩擦也一定增加，有時明明讚賞你的人比較多，但你卻只關注謾罵譏諷你的留

你終究是神，
因為你是我的永生

言；

E. 那是因為大家都被「形式上的自由」限制住了，對神來說，「痛苦」也是可以「利用」的「動力」或「燃料」，「痛苦」可以激發你從各個面向去探討事件的本質，它只是讓你體驗的，你始終知道你會回到浩瀚無垠的「自由」；

F. 其他＿＿＿＿＿＿＿＿＿＿＿＿＿＿＿＿＿＿＿＿＿。

第一次檢視選擇	第二次檢視選擇	第三次檢視選擇

智慧

金剛般若？是這種智慧嗎？要有慧根嗎？

《禮記·中庸》：「好學近乎知」，所以多學習就能有智慧嗎？

心魔會跟你說的，一定是你本身已經俱備的，當然如果你能通透覺悟的智慧，那麼波羅蜜就是自由與永生了（借佛家梵文引喻一下）。

我們仍在研究的是「神性」，所以這章講「神的智慧」。

你可能會想說人的智慧都不夠了，還妄想「神的智慧」？

……

認真想一下，你的智慧是「人的智慧」還是「神的智慧」？

……

先問你一個問題，你覺得人的智慧比較高還是神的智慧？

神會C？神會JAVA？神能變出一顆AT/CVT變速箱？神能看到一奈米的世界？神懂化學？神懂時尚？……？

哦！以上的心魔也都不會，頂多「print（'Hello, world!'）」。

人實在太厲害太恐怖了，會不會是因為這樣所以神沒有顏面面對人類？難怪人類吃了「智慧果」會讓他生氣。

所以人的智慧高於神的智慧？好啦！不要再對你做錯誤的引導，回到本書主軸，**「我」就是「神」**（這四個字請你每

天唸個三遍），你所擁有的「智慧」潛力無限，愛因斯坦這位「大神」可能也只發揮了10％的智慧，更不用說大部分的人都跟心魔一樣，只發揮了1％的智慧。

心魔會著重在「會保護你」的「智慧」，而智慧也是有分類的，你常在用，心魔只是幫你稍微整理一下。

本能智慧

沒聽過是吧！因為太平凡了啊！平凡到沒人注意。

本能智慧包括「學習」、「模仿」、「辨識」、「傳承」。

學習

你很熟悉的，從小到大都在學習，就算你退休了，3C工具更新也逼著你要學習，要不然連計程車都叫不到。

你會覺得奇怪，學習有什麼好說的？

心魔所做的都是要提醒你，你就是神，你不是一般動物。

一般動物也會學習，你看，海豚也會跳火圈！但最多也就是這樣，頂球或跳圈……，講到這個請讓心魔離題一下，為什麼要對海豚或虎鯨的表演鼓掌？他們聽不見掌聲吧！海裡從來也沒有掌聲，所以就算聽到了也不瞭解掌聲的意義，他只想吃新鮮小魚，那麼我們為什麼要為他們被虐待而鼓掌呢？是因為我們有精神上的病態嗎？心魔承認是有病態，比較想看說謊的政客跳火圈，我一定會鼓掌，不會吝嗇。你也跟我一樣對不對？

讓他們自由吧！如果你也想自由（這句應該放在上一

章）。

　　抱歉！魔性發作（深呼吸一下），繼續我們的「學習」。

　　心魔只是想表達你的學習力很強，你的人設是「神」不是「動物」，或許有人會覺得自己從小的學業成績都是在後段，學習力很差……，這裡心魔必需要提出嚴正的糾正，我們的教育「工廠化」、「機械化」，我們期望把小孩丟到學校，然後希望從學校出來時就是一個「組裝好的成品」，你們把「神」這樣搞，現在換心魔生氣了。

　　為什麼心魔會這麼說？小孩子本來就天生好動，你要他們一整天乖乖的坐在那邊聽老師「唸經」，沒有睡著的真的是「非常神」。他們正值活潑好奇的年紀，就應該讓他們像脫韁野馬到處馳騁見識，老師就只是介紹各種世界與馳騁的技能及注意事項，必要時候「推一把」或「拉一把」，每個小孩的天賦與興趣都不一樣，有的人專於記憶，有的人專於邏輯，有的人專於發想，有的人專於表達，有的人專於工藝，有的人專於反應，有的人專於觀察、有的人專於剖析，結果我們的教育讓他們只比「記憶」，這不但埋沒了其他大部分人的才能，還讓他們自己認為「不如人」，甚至入了社會還會責怪他們「小時不讀書，長大當XX」，虧你們作文會寫「職業無貴賤」，怎麼入了社會，貴賤就分得這麼清楚？

　　職業本來就沒有貴賤，從神的角度來看，願意付出貢獻的人就應該得到報酬與尊重，人則會認為階級高者為貴、薪資多者為貴、穿西裝者為貴……。這樣你就知道「人」與「神」的差別了吧！

　　學習應該是快樂的、有趣的、適才適地的，但這不單是老師的責任，家長得讓自己的小孩多方面嘗試並給予引導。例如拿過23面奧運游泳金牌的美國飛魚Michael Phelps小時是過動

兒，他的小學老師向他母親說妳的兒子這輩子都無法專注在一件事情上，但Michael Phelps在游泳甚至在比賽時，眼裡只有水道，沒有他人。

　　Michael Phelps是幸運的，他有開明的母親及慧眼的游泳教練，但在「學歷至上」的國家，這種天才在填鴨式的教育裡註定要被埋沒甚至毀滅。

　　唐鳳好學，尤其在IT產業，在少年時期就知道學校的知識滿足不了他，於是14歲就在家自學，學習不限地方，只要有興趣，臥室就能當工作室。或許你會覺得唐鳳智商高，我或我的小孩比不上他，那就奇怪了，你為什麼要拿自己的弱項去強碰別人的強項？你跑輸他嗎？你聲音比他差？你比他還不會笑？你應該隨便都能找出比他強的十個領域。當然唐鳳也不會去跟你做比較，只有人才會比較優劣，神不會，因為很智障（智能障礙）。

　　而政府則是要提供更多的學習的管道與資源，滿足學習者的需求，這部分各國政府應該也面臨了兩難，少子化與資源不均或開放政策影響導致非熱門科系面臨裁撤的命運，這個就由政府與專家去煩惱，他們也需要學習，學習是終生的事，因應時勢變化，尤其是面對網路資訊爆炸的衝擊，政府的整合、調度與應變就要變得更靈活，例如在這次新冠疫情影響，大部分的人都學習到了遠距視訊教學，不是教學的內容，而是這套作業的方法。事實上我今天想煮個佛跳牆或部隊鍋，網路上有教；我想自己修個水龍頭，網路上有教；你想要學語文、樂器、科學、哲學、魔術、舞蹈……，網路上都有教。

　　心魔想說的是，網路的普及與高速傳輸，等於變相提供人類一顆外掛的大腦，學習更方便也更有趣，這個人教的糖醋魚我不喜歡，最少還有二十個視頻老師可以讓我選擇，網路連

即時語文翻譯都有，大部分知識的獲取方法已從閱讀、傳授、經驗轉成網路工具應用，你必需放大你的世界，現在也是認識你自己就是神最好的時機，剛開始學習做一個神是會不習慣，甚至會恐懼，但不用擔心，你很快就會上手，因為你本來就是神。

模仿

一定要先澄清「模仿」不是指侵害別人智慧財產權、著作權、商標權⋯⋯的這種「抄襲」，「侵權」歸「侵權」、「抄襲」歸「抄襲」，不要把「模仿」給污名了，心魔把「模仿」歸在「本能智慧」，不需要動腦的「抄襲」算哪門子「智慧」？天差地遠，請務必分清楚。是的，心魔要為「模仿」正名。

在心魔解說前，請你先思考「模仿」與「抄襲」的差別，心裡有個底之後再往下看。

拜託，你一定要思考。瞭解你自己是神是第一要務，再來就是思考，就算懷疑心魔、挑戰心魔，心魔也只會為你高興。

費玉清學陳小雲唱歌是「模仿」還是「抄襲」？

看了本偉人傳記，立志向他學習是「模仿」還是「抄襲」？

學習神的安祥慈悲是「模仿」還是「抄襲」？

「抄襲」這種未經同意的複製引用，心魔就不再介紹，心魔可不是為它而來的。

「模仿」從字面來看，應該是「楷模仿效」或「模範仿效」，也就是有一個「典範」或「模範」在前面作為你的學習參考。

又從「仿」這個字來看，「人方」爲「仿」，「爲人有方」、「人格方正」，再搭「模」這個字，就等於「見賢思齊」的意思。這裡又讓心魔想到一個詞語誤用的例子，現代華人常用「GG」來表示搞砸了、糟了、輸了的負面解釋，連電視台新聞也都這樣亂用，但其原意是「Good Game！」，是電玩裡兩個團隊中落敗的一隊展現紳士的禮貌風度，「謝謝你讓我有一個很好的遊戲體驗」、「你們很棒，技術很好」，或是向隊友鼓勵「我們做得很棒，我玩得很開心」，颺大家還學過「揖讓而升，下而飲，其爭也君子」，遊戲對外當然是比輸贏，但對自己是在「養氣度」，學習「君子之風」、「紳士之儀」，唉！可憐的「GG」。

唔！又離題了。不過如果輸個一場遊戲或比賽就暴氣狂飆，爲什麼要玩得這麼痛苦？又，這樣怎麼能成爲神呢？

回到主題，就以「東施效顰」這個成語來說，裡面的「效」就是「仿效」、「效仿」，我們不會說「東施抄顰」或「東施襲顰」，「模仿」是需要實力的，除非你要的只是「笑果」。

仿效楷模當然需要實力，楷模可不是那麼好模仿的，仿不到位，仿不到精髓，那你就只能當東施了。

抄襲主貪，模仿向齊；抄襲在表，模仿在神。

我們天生就有模仿的能力，爲的是向自己心中理想的標的人物學習，甚至是向大自然學習，如山如水、如星如月，我們仿的絕對不是它們的外表，事實上也學不來，但精神與意涵是可以模仿的，這才是「神」之所以強大的原因，心魔一再強調這些「神性」都是在保護你的，但你要會用……

例如面對事故驟變，你要知道不動如山，當處泰然；

例如心緒混雜無章，你要知道心若止水，下澄見慧；

第九章
智慧

例如自忖懷才不遇，你要知道恆亮如星，永燃熱情；

例如人生事事難料，你要知道圓缺如月，生滅轉界。

你的山水星月或有其他見解，每個人抓到的神韻不盡相同，模仿出來的意境也就不會相同，這很正常，因爲你活的是你的人生，你所有模仿的精神會自成一套你自己的系統，系統完成時，就換你成爲楷模，讓別人來「模仿」了。

辨識

相信你經常有這種感覺，遠遠的看一個人的背影就知道這個人是誰；後方一個笑聲一聽就知道是誰；一進家門就知道媽媽在煮什麼……

這些動作你每天會做超過一萬次，就算你關在家裡，你還是會看到、聽到、聞到、嚐到、碰觸到、想到（六根：眼、耳、鼻、舌、身、意），然後你就很自然的會分辨顏色、聲音、香臭、味道、觸感、意識（六塵：色、聲、香、味、觸、法），不要以爲心魔講個六根六塵就是要弘揚佛法，善哉！善哉！……，六塵裡有苦有悲，但也有喜有樂，而且還有無限的可能，難得來做人，就好好感受這一切，總不好來玩了一趟「人生」回去，然後很平淡的說「沒什麼感覺」、「地球很無趣」吧？

其實「辨識」就是「資訊收集」，大量的資訊收集是爲了做決定，例如買房，例如擇偶，例如過馬路，例如買午餐。

你不單需要辨識目標物，也得辨識自己的需求與目的。一般動物的需求很簡單，就生存，沒別的；人的需求就多了，馬斯洛金字塔頂端是「自我實現」，除了人，沒有任何一種動物會有這種需求，不妨告訴你，「自我實現」就是你正在堆疊的「天堂」。但我們現在不討論天堂。

這個世界提供了你無盡的顏色與形狀，大自然的各種生物與地景與人工的各種建築和藝術，乃至五官輪廓的差異提供辨識度，並且從表情可以辨識此人的情緒狀態，光一個眼睛的饗宴就已經不可計數，這還沒算電子顯微鏡與太空望遠鏡所帶來的「新視界」。眼睛還可以不看，聲音想不聽都不行，蟲鳴鳥叫、風訴溪語，樂器數百種，樂曲上億首，一首歌由不同人演繹又是不同感受，所以聲音同樣提供無法計數的體驗殿堂。那如果把不可計數的光影結合無法計數的聲音呢？歐~買~尬！

　　嗅覺與味覺的可辨識種類雖然沒有聲與光來得豐富，但卻是你每日的必需與重點，因為你不能不呼吸，不能不進食。鼻子與舌頭布滿受器，針對不同刺激由不同部位回傳訊息，也就造就「層次感」，對一般動物來說肚子餓就是要進食，哪管什麼層次感，所以當你在用餐時，也同時在進行一個「多層次」的、「空間堆疊與再生」的體驗，只是你可能專注在你筆電裡的專案或是手機裡男女主角的糾葛。難怪有餐廳限制使用手機，就怕你辜負了主廚對美食的精心設計。

　　觸感的話一般都是關注在實際接觸的感覺，舉按摩為例，施力者的施力方式可能是推、壓、揉、捏、拍、打、捶、拉……，受力者則感受酸麻到疼痛的來回刺激進而產生舒服的感覺。但心魔想要講比較有趣的，「與有榮焉」、「打在兒身痛在娘心」、「你傷害我的心」、「被好友背叛的打擊」……這種屬於「感覺的感覺」（調皮的講法）或說「意識的感覺」。

　　當你被擁抱時可能會有「溫暖的感覺」或是「安定的感覺」；當你聽到一聲「加油」，你會有「振奮的感覺」；當你被責罵時，你會有「不受重視」或「被討厭」或「我自己有問題」或「被羞辱」的「感覺」，如果你把這些屬於「意識」的

第九章
智慧

「感覺」抽離，你會發現絕大部分的「感覺」其實並不具有實質傷害性或意義，例如被自己所信任的人背叛而「傷心」，除非你有實質上財務的損失或身體上的傷害，要不然「傷心」也只是「形而上」的「意識」，一般動物沒有這種「意識」，而這種「意識」其實是可以「忽略」或「竄改」，但這種負面的「意識」，「人」經常會過不去，與其說「被傷心」，不如說是「不甘心」，主要是在於我們通常會認為自己為對方付出，對方應該要感受到並且反應期望中的回饋，就算不回饋也不應該用謊言或藉口或逃避來敷衍自己心中認定的過錯。

「心魔怎麼可以這樣，我已經很痛苦了，你還說是我不甘心，難不成我應該要自認倒楣嗎？」

很抱歉，心魔並不是來安慰你的，如果你作為一個「神」還一直需要別人「安慰」的話，你會得不到你自己的「覺悟」；如果你作為一個「神」永遠無法學會「辨識」的話，同樣的情況自然會一再發生，你打算再等待下一個「安慰」嗎？

心魔還是要提醒一下，如果你真的很痛苦沒有親朋好友可發洩，這個世界有一種職業叫做「心理輔導師」或「心理治療師」，你可以相信「專業」，他們可以幫你找出問題或是幫你引導讓你自己發現盲點，這沒有什麼好丟臉的，在這個吃人又變態的世界能存活下來真的不容易，如果你還沒有覺悟為神，讓專業的心理分析工作者來輔助你，也讓他們發揮一下專業職能，不要被什麼「陰氣重」或「小鬼纏身」這類無稽之談誤導，這個後面會說。還有心魔只是對「我」的認識多你一滴滴，並不是心理領域專家，**有問題不要找心魔，記得找專業的、有執照的**，他們不見得真正瞭解你，因為你會隱匿細節，但一定可以引導你找到出口。

又扯遠了，回來再說「辨識」。廣泛涉獵有助於你對「辨

識」的連結，你也可以從多樣的領域找到自己喜歡的項目去專攻，記住，打從你一出生，這個世界的所有美好都已經擺在那裡了，雖然所有的痛苦也都擺在那裡，但是有規定只能領取痛苦而不能接收美好的嗎？

傳承

心魔又要把一般動物拿來對比，只有「人」會傳承。

因爲人類知道光靠口語傳述不足以將人類的知識或故事做有效的延續，所以懂得利用儲存載具如石壁、泥板、石板、獸皮、竹片、紙張、磁帶、膠卷、Disk、USB、Storage、Clouds（雲端存取）……，將知識與故事累積流傳，甚至透過網路把這些資料分享給其他人，這正是在實踐「我」的互助、「我」在幫我、我傳承給「我」的資訊分享。

每一個資訊就是一個「組件」，而你每天都在組裝這些組件甚至創造組件成爲一個宮殿、一個王國或說一個天堂。

不需要或暫時用不到的「組件」稱爲「知識」，已使用、已搭載或已組裝的「組件」稱爲「智慧」。

所以這個世界就是有數不盡的「組件」讓你自由拼湊，你就擁有屬於自己的「智慧」，這樣的工程，只有「神」做得到，只有「我」做得到。

你有想過你能傳給未來什麼訊息嗎？一句話？一個作品？一個理念？一個公式？一個動人的故事？動產與不動產就不用說了，它們遲早是別人的，你有想過留下個什麼來證明你來過嗎？

事實上沒有必要，你現在的名字對未來的你來說並沒有意義，就算前一個你是成吉思汗或是畢卡索，那也都跟現在的你無關，既然如此我何必要傳承？

第九章
智慧

不是你要不要傳承，而是你一直在不知不覺中做了傳承的動作，正確說法是「彼此為美好又專業的事物做傳承」，也就是俗稱的「呷好道相報」，我以行動支持你專業的美食，你以行動支持他專業的醫療，他以行動支持我專業的表演……，所以只要是美好又專業的事物很自然就會一直延續，當然很多東西會隨著時代與環境或科技材料的進步而改變，例如馬車被轎車取代，傳統雜貨店由便利商店取代，真空管被晶片取代，黑膠唱盤被光碟取代……，曾經的美好可能都會有退場的一天，傳承的標的物或思想是可以被異動或更新的，這樣人類的文明才不會原地踏步，而你我都在這些過程中參與了，你享受了各個領域累積的專業結晶，你也貢獻了你的專業，雖然大部分的人的貢獻都非常微小，但是全部加起來就非常巨大。

所以心魔才說你只要活著對「我」就有貢獻，不管是傳承獨家的技藝、匠人的精神、自豪的故事、興趣的搜集……，分享給別人是一件快樂的事，要是你能發現其他人沒有發現的角度或是你有獨特的心得，分享給其他人吧，「我」可是非常期待呢！

應用智慧

你所看到的人工成品，可以說都是應用智慧產品，其他還有應用科學、應用材料、應用程式、應用商業英文……這些心魔都不會所以就不自討沒趣了，心魔會著墨在「你有」但不知怎麼用的「智慧」。

如果你熟悉《三十六計》或《易經》這類知識，在你遇到困難時就可以拿來「應用」，不過心魔也不是要講這個，因為

這個大部分的人也都不會。

手機被小孩摔壞了怎麼辦？……終於可以換手機了。

被討厭的人說又醜又笨？……幸好我不會說這種話。

失敗被嘲笑？……那得好好安慰失敗。

大選結果……討厭的人當選？……這麼想當我的公僕啊！

是的，是EQ。不過如果要講EQ，書店裡的心靈雞湯多的是，心魔就不獻醜了。心魔要講的是「雞湯」喝多了，為什麼總還有無法克制的「無名火」？因為你站錯角色啊！

你試試看從「神」的角度來看這些會讓你火冒三丈的事，你就會發現原來EQ很簡單。

前面四個例子是最初階的EQ，其實你習慣「神性思維」後，你也不會覺得那個叫EQ，我們就用兩個最痛苦的例子來挑戰「神性思維」。

家暴與性侵＿這個如果發生在兒童期，那還真是一輩子的陰影，這些受害者通常是無力反抗，而且還必須依賴施暴者，他們無助又或是不敢求助，他們只能祈求神的憐憫，但是神在哪裡？或許會有一些施暴者被舉發，但通常是將近八到九成的施暴者表面上冠冕堂皇、滿口仁義，他們或許還對於沒有神去懲罰他而感到沾沾自喜，但他們不知道的是他們放棄了神，放棄了自己成為神的機會，神並不會欺負弱小，魔也不會欺負弱小，魔喜歡挑戰神，神通常喜歡挑戰未知、挑戰強權、挑戰艱難，只有人才會透過欺負弱小來展示自己的權力。所以希望這些受害者們要知道，傷害你的人已經放棄了神，要想辦法尋求其他神的幫助，你是神，只是羽翼未豐，你會運用你的智慧來對抗一個「凡人」，他們也不配稱「魔」，只要冷靜下來思考，你會發現「凡人」有非常多的弱點，掌握弱點再決定攻守，儘快學會獨立自主來保護自己，脫離對施暴者的依賴，只

要你願意行動，「我」一定會幫你，你所受的傷不會消失，但「我」永遠在你身邊，每一個「我」會用不同方式來撫慰你，成為「神」，你就能看到這些「Sign」，記得，不要讓暴力陰影抹滅你的「神性」，不要變成你所討厭的「凡人」，肉體是外表，出車禍或賽跑跌倒也是會受傷，不是你的錯就不需要放在心上，不要認為你是「錯誤的存在」，你既然是「我」，就有「我」的「存在必要」，你還有「無限的我」可以應用，同學、朋友、老師、網路、法律……甚至一個路人都是你的資源，該害怕的是「凡人」，因為沒有人會認同他。

重病纏身＿可能是先天疾病，可能是職業傷害，可能是生活習慣，可能是瘟疫傳染，可能是重大意外，可能是年老體衰，你非常不想要，但疾病就是死纏著你。如何治療請參考醫師專業及其他醫療書籍，那些都是把智慧拿來應用的範疇，這一本不是，這一本是要講「我」所發現有趣的現象。「人」的生命非常頑強，明明沒有禦寒的毛皮，沒有護身的硬殼，沒有飛逃的翅膀，全身都有神經，隨便一點傷都會哀哀叫，從進化論來看，人類真的是弱爆了。人類會應用智慧？是啦！剛好符合這一節要講的，不過心魔偏不講這個，講你知道的不好玩。你知道嗎？人跟一般動物又有一個很大的不同，就是人有強大的「生存意志」，有一些人會分享「到鬼門關走一趟」或是「人生跑馬燈」或是「聽到家人呼喚而醒來」，你會有個強大的「執念」逼迫你活回來，可能是為了親愛的家人，可能是不甘願被枉死，可能是為了一種榮譽……，那麼心魔的問題來了，這種強大的「執念」是「人的意志」還是「神的意志」？

有趣吧！「意志」或「執念」，完完全全的精神意識，不是你強而有力的心臟，也不是你發達的二頭肌，但卻頑強的可怕！這種「意志」不是人可以控制的，人會怕痛，人會放棄，

能夠超越一切痛苦走出來的，只有「神」，所以，「我」就是「神」，心理的傷痛可以用「轉移」或「忽略」，生理的傷痛無法「轉移」或「忽略」，在接受專業的醫療的同時，試試看你的「意志」有多「神」。

不過並不是要你硬撐不死，當你一切都準備好了，你就可以放手迎接最輕鬆自在的一刻，無痛……安祥……期待……最新款的……

靈犀智慧

你有沒有那種感覺，遇到瓶頸、腸枯思竭，無力地倒在床上，猛然蹦出一個點子……，或是對著天空發呆，突然有了個很跳Tone的想法，這些「神來一筆」的靈感通常還跟生活經驗沒什麼關係，莫名其妙就搭了上來。

烏鴉啣小石丟到水半滿的瓶子，持續一直丟，最後喝到了水，你覺得烏鴉是突然蹦出來的靈感嗎？一般動物如果真有這種「靈犀智慧」，就不見得是人在統治世界了。烏鴉有翅膀好嗎！飛到高空看哪邊有溪流水聲或是綠蔭茂密或是草食動物群聚之處還怕找不到水？一個能積到半瓶水的地方附近不會有水坑池塘？不過還真有影片拍到烏鴉啣石填瓶喝水的畫面，並且也有人做實驗，烏鴉確實比一般鳥類更具有「嘗試」的精神，是的，就是一直「Try」，或者說是在「玩」，跟「靈犀智慧」還有一大段差距，不過至少烏鴉還會「嘗試」，很多人連試都不敢試，巴望著坐在家裡心儀的人或是財富就會自動找上門。

「神來一筆」的靈感比較像有人在你耳邊跟你偷講答案，

但畢竟不常發生，我們通常更羨慕有急智、機智、幽默的這種「靈犀智慧」，心魔不在這裡講故事，自己上網搜尋就可看到晏子、邱吉爾……一堆名人的故事，大部分的人都覺得自己笨拙、反應慢半拍，可是，「神」並沒有要你去學耍嘴皮子，或是在口頭上占便宜，而且你會發現急智、機智與幽默是可以訓練的，就像當你跟一群熟識的朋友打屁，在沒有壓力的情況下，這些反應很快而且很自然就能釋放，所以不用急。

心魔的重點在於你跟一般動物不一樣，動物遇到挑釁或危險會本能的逃跑或弓起身進入防禦狀態，你有「急智」與「機智」，既然是「智慧」，就不是讓你跟挑釁的人對嗆，對嗆不需要智慧，比誰的臉比較兇狠而已，比誰的話比較尖酸刻薄而已，「神」沒有這麼「Low」好嗎！因時因地引經據典，說情說理善用巧喻，以彼之矛還攻彼盾，不爭口舌大局為重，這些道理你都知道，你需要經驗的累積，一個原則，再怎麼緊張害怕，尊嚴與風度也不能輸給對方，真的一時無法反擊，先給對方一個自信的微笑。

簡結一下智慧，寫在書本裡或檔案裡的都是知識，你激發出來的才叫智慧。「甲乙兩人狹路相逢，甲說不會讓道給笨蛋，乙側身示意並說了聲：『我會』」，這類機智的故事在書本裡都是知識，你要會應用才有意義。禪坐很好很健康，但在山林裡禪坐你得不到智慧，去碰撞才會有激發，這也是為什麼運動選手需要實戰經驗，智慧也非常需要實戰經驗，「智慧」，就看你怎麼玩。

【第41道檢視】

小時候老師說地球是圓的、π＝3.14……、蒙古帝國版圖橫跨

歐、亞、非⋯⋯，爲什麼我們不會懷疑老師所教的沒有問題？

A. 考題是老師出的，我不能跟分數過不去；

B. 因爲課本是這麼寫，老師也只能這麼教；

C. 因爲在學習的過程中，我們必須相信也只能相信專業體系培養出來的師資；

D. 老師教的是知識，知識可以記下來，有的會遇到有的不會遇到，遇到的可以驗證，用自己的方式驗證並以自己的方式理解的經驗就是我的智慧；

E. 其他＿＿＿＿＿＿＿＿＿＿＿＿＿＿＿＿＿＿＿＿＿。

第一次檢視選擇	第二次檢視選擇	第三次檢視選擇

【第42道檢視】

明明有這麼多的偉人或名人傳記，爲什麼看不到第二個愛因斯坦、第二個孔子、第二個賈伯斯、⋯⋯？

A. 其實是有，只是我不知道而已；

B. 不可能會有，因爲時空背景不一樣，就算有相同的人格特質與成長環境，但周圍的變數全部都不一樣，際遇就不一樣，自然無法造就第二個同樣的人；

C. 名人之所以成爲名人是因爲他們走出一條與眾不同的路，你可以模仿名人，但同樣的故事，大家只對「原創」有興趣，除非你創造出一個屬於自己的「原創」；

D. 我不會模仿牛頓坐在樹下等蘋果掉下來，但我會模仿名人積極進取的精神、擇善固執的精神、永不放棄的精神、求新求變的精神、＿＿＿＿＿＿＿＿＿的精神，這就是「我」的精神；

第九章
智慧

E. 其他＿＿＿＿＿＿＿＿＿＿＿＿＿＿＿＿＿＿＿＿＿＿＿。

第一次檢視選擇	第二次檢視選擇	第三次檢視選擇

【第43道檢視】

詐騙集團抓都抓不完，連法官都被詐騙，表示受騙者的學歷並無直接關係，詐騙集團智商比法官高嗎？

A. 跟智商無關，是大數法則下的心防破解SOP作業，大部分的人並不會被騙，單純的人或因緊張而失去頭緒的人在詐騙集團整套的話術流程牽引下，因信任對方而被騙；

B. 詐騙集團的目的是為了金錢，我只要抓住「錢」這個關鍵字，對方一講到「錢」，我就要讓我的智慧提高警覺了；

C. 被抓到的詐騙集團人員在獄中只會精進詐騙技術，所以防範詐騙也是智慧應用的功課，政府應予推廣；

D. 一理通萬理徹，有的人騙財，有的人騙色，有的人騙票……，不要怪詐騙的人怎麼那麼多，我有智慧可以去洞悉，這是我必經的體驗；

E. 其他＿＿＿＿＿＿＿＿＿＿＿＿＿＿＿＿＿＿＿＿＿＿＿。

第一次檢視選擇	第二次檢視選擇	第三次檢視選擇

【第44道檢視】

人如果有智慧，為什麼同樣的錯誤還是一直發生？

A. 在慌亂或被激怒的情況下，理智斷線自然就會被牽著走；

B. 就像賭徒總認為自己是被神眷顧的，不會犯跟別人相同的錯

你終究是神，
因為你是我的永生

誤，其實就是在賭運氣；

C. 就像酒駕者在清醒時知道不能酒駕，但一旦喝了酒，理智線又斷了，就賭沒有警察臨檢或是賭不會有車或人從旁邊出來；

D. 「神」掌握「夢想」，「人」被「欲望」掌控，神享受走向夢想的過程，所有的現實都是必然，所以不會有錯誤；人一旦被貪欲或恐懼駕馭，身不由己，又怎麼可能不發生錯誤；

E. 其他＿＿＿＿＿＿＿＿＿＿＿＿＿＿＿＿＿＿＿＿＿＿。

第一次檢視選擇	第二次檢視選擇	第三次檢視選擇

【第45道檢視】

究竟是神的智慧高於人的智慧還是人的智慧高於神的智慧？

A. 神創造天地萬物，當然是神的智慧高於人的智慧；

B. 人實現飛天遁地，當然是人的智慧高於神的智慧；

C. 不用爭執，看誰在統治這個世界就知道；

D. 智慧本身並不存在高、低、大、小，都是經驗的不斷碰撞與一點一滴的累積，所以當下的所見所聞，所有感受與意識都是智慧，是神或人的智慧並不重要，重要是「我」的智慧；

E. 其他＿＿＿＿＿＿＿＿＿＿＿＿＿＿＿＿＿＿＿＿＿＿。

第一次檢視選擇	第二次檢視選擇	第三次檢視選擇

第九章
智慧

愛

　　愛他人？愛家？愛國？哪個對象值得你付出眞心？甚至你願意以性命來捍衛。問世間，情（愛）爲何物？直教生死相許。

　　人類的愛太複雜太糾結了，或許在這個世界的你已經愛得轟轟烈烈、驚天動地、可歌可泣、看破紅塵……，「愛」已經讓你刻骨銘心，你也有了一套自己的「愛情」哲學，心魔有資格來說「愛」嗎？心魔說「愛」是神的四本柱，可以保護我，可是多少人被「愛」傷得傷痕累累、痛不欲生，看看這麼多的悲傷情歌總是能引起共鳴，心魔還對「愛」抱有期望嗎？

　　是的，人類的愛確實太複雜太糾結了，心魔根本無力干涉，也無權發言。幸好，「神」的「愛」簡單多了，讓心魔還能有一點說嘴的空間。

　　這不是在打高空，你平常就在奉行「神」的「愛」了……

　　你會奉獻一日所得捐給發生重大災害的地方；

　　你願意分享個人心得與經驗；

　　你願意把微笑與歡樂傳遞給他人；

　　你會把撿到的錢包送到警察局；

　　你會熱心地幫外地人指引道路還推薦私房美食聖地；

　　你願意在臉上留下口罩壓痕或是在手臂上挨一、兩針，就爲了幫防疫盡一份心力；

　　……更多……更多……

你終究是神，
因為你是我的永生

你或許會認為這些是很普通的「人性」啊！怎麼會上綱到「神」的「愛」？

如果你會認為上面那些都只是很普通的「人性」，恭喜你，你已經「神」到習以為常，「人性」的「貪婪」與「自私」都不見了，為你自己這麼美好的境界拍個手吧！

你的一生會遇到不計其數的考驗與抉擇，而你經常會選擇良善的決定，甚至為了心愛的人的幸福，你會選擇放手。一般動物不會這樣，想要的一定要據為己有，除非因為打不過對方而逃走，「貪婪」與「自私」是生存的基本條件，這並不是罪惡，不然物種就很難延續了，所以才有古語：「人不為己，天誅地滅」，「人」會為己，而「神」不怕天誅地滅，再創就有了。

心魔不大喜歡用名人故事來作說明或引喻，一來名人已經擁有很多讚美了不需要心魔錦上添花，而且你自己上網就查得到，二來真正感人的故事通常都發生在所謂「小人物」的身上，就讓心魔分享一下兩個笨蛋放棄「貪婪」與「自私」的真實故事。

最後的紳士

彰化八旬翁張俊男先生只有140公分高，自小學習編製藤具並以此維生，為了照顧重度智能障礙妻子，即使眼力退化到連同意書都看不到簽名欄，但仍用熟練的手法編製藤椅糊口，用糊口來形容，你知道已經很少人坐藤椅了，在他妻子住院乃至往生時，醫療費與喪葬費困擾了他，兩個慈善團體表示可以捐助他這些費用，他無奈地接受喪葬費但婉拒了醫療費，他想為自己的妻子付出到最後一刻，不眠不休編著藤椅，也靠著當地議員協助，一天之內就把所有的藤椅都賣掉了，當他後來拿

著這筆籌到的醫療費時，不禁落淚感謝說道：「這是我最後能為她做的事……。」

I Have Had a Beautiful Life.

比利時90歲老婦人Suzanne Hoylaerts新冠肺炎確診住進醫院，疫情爆發時，呼吸器嚴重不足，她緩緩的向醫生說：「你不需要把呼吸器放在我身上，把它留給年輕的病患，我已經擁有了一個美麗人生……」，她在兩天後去逝。

是「小人物」嗎？是「神」啊！

是「笨蛋」嗎？還是「神」啊！

雙手粗皮老繭，眼前昏花矇矓，你還想不眠不休盡什麼心？

呼吸猶如溺水，喘息猶如刀割，妳認為捨己為人積什麼德？

不懂「愛」，卻款款深情，身不高，紳士之風卻令人仰望。

未悟「神」，卻布施神恩，顏雖老，美麗境界有幾人能及？

未臻至愛，又怎會有紳士的溫柔？

未見至善，又怎會有圓滿的覺悟？

彰化張老先生的愛感動他人幫他完成心願……

比利時老婦人的愛為自己的美麗人生畫下完美句點……

你，真的懂「愛」嗎？你有「愛」你的「人生」嗎？你有讓「愛」來「保護你」、「成就你」、「圓滿你」嗎？

如果你把「愛」當成一種「交易」、一種生理與心理的「需求」、一種「無時汲汲、有時遑遑」的「遊戲」，心魔也

你終究是神，
因為你是我的永生

只能說「難爲你了」、「難爲你的愛了」、「難爲你跟你自己與生俱來的愛關係這麼不好」。

都把「愛」說到了這個節骨眼，就來剖析「愛的微積分」吧！（字面演譯，一個噱頭而已，沒有公式，不用擔心），

愛的微分

「你明白，我明白，你給我的愛不是愛……」，就用一段歌詞來作爲這一段的開頭。能明白是好事，但大部分的人根本不明白，也不想明白，因爲所愛的對象，心是變動的，連自己的心都是變動的，幾十億人口，你怎麼知道有很多缺點的對方就是對的人？你又怎麼知道有更多缺點的你是對方眼中對的人？然後是只有對一晚嗎？對十年？對永遠？會不會日後又冒出更多所謂「對」的人？而且是對於你曾認爲對的人的對的人出現，這樣有沒有讓你冷汗直流？太繞口就再看一遍吧！

請你準備一張白紙（至少是A4，A4是這本書展開的大小）及一支筆，你也可以用不同顏色的筆來做爲區別，建議你真的畫一張，每五年或每十年畫一張夾在這本書裡，如果害羞怕被看到，就畫好後用手機拍下來再把檔案加密，原圖稿自己銷毀，檔案記得標註日期。

我們現在用很不浪漫的方式來把「愛」微分，切畫成最小的單位來研究，不用擔心，「愛」的聚合力很強，心魔會再幫你把「愛」組起來，怎麼說「愛」都是四本柱之一，強得很。

白紙舖平了嗎？我們開始囉！

首先，請你「神離」一下，用神（上帝、真主、佛祖……）的角度來端詳「你」這個人，「客觀」的看「你」，

然後指使「你」畫出這個角色目前為止的「行為配置圖」。

這張白紙就是你出生到現在為止的人生，稍後布置的圖形可互相重疊交錯，比例不用太精確，大約即可，圖形之外的留白是「你」的休息、睡覺、發呆、單獨吃飯占比。

1. 請先在白紙上畫出「你」在工作、謀生、工作訓練及通勤時間所占用人生的比例，以一個與紙邊平行的方框呈現。

2. 再來把你求學過程按人生比例以上窄下寬的梯形框呈現。

3. 接著用三角框大小畫出你在興趣、嗜好、娛樂所占人生的比例，如果工作即興趣，那麼可以部分重疊。

4. 接下來是重點，把你的情感世界用一個大圓框來表示，這個大圓將包含愛情、親情、友情，也包含工作的熱情、興趣的熱情與助人的熱情。

5. 然後我們將都在這個大圓裡發揮，以下的圖形請都畫在這個大圓裡，畫一個心形代表愛情，用五角形/屋形代表親情，用半圓形代表友情，其他空白的部分是自然之愛、族人之愛、世界之愛、國家之愛、憐憫之愛、助人之愛、_____之愛……，如果這些之中有你很大比重的項目也可以用個菱形或星形放到大圓裡。

圖形範例/舉例如下：

這裡暫停一下，我們玩個遊戲，就以最常有人為情所困的愛情來示範，指揮你的頭靠近畫紙，貼到眼睛只看得到心形而看不到其他圖形，然後記住這一刻，這就是你「熱戀」、「失戀」、「被背叛」、「被催眠」、「被傷害」時的情況，和家人或朋友吵架也是這種狀況，其實只要往後退一步，你就會知

道愛情、親情、友情……都只是人生的一小部分，你還有很多
事情要忙。另外你也可以這樣玩，把畫好的畫紙貼在白色牆
上，你會知道人生還有更多的空白等你去探索；或把畫紙掛在
山峰的樹枝上，再往周圍看一圈……

　　注意，心魔並不是要你將這些「愛」看淡、不在乎，相反
的，所有的體驗，去歡樂去悲傷，衝擊並震盪你的「神性」，
創造屬於你自己的「覺悟」，不用害怕，「四本柱」在你身
邊，「我」也在你身邊。

　　不好意思，其實心魔還沒真正開始對「愛」做微分，前面
都只是在做分類而已，接下來，我們就只針對「心形」來做微
分，其他的愛有空你也可以依樣畫葫蘆。

　　首先在這個大心形裡，如果你有多段戀愛，例如三段戀情
就在大心形裡再畫三顆小心形，單戀、暗戀都算，被追求或被
死纏爛打的都不算，很簡單，只要你有為對方朝思暮想，會動
心，會魂不守舍都算，那麼媒妁之言、政商聯姻呢？結合形式

不重要，重要的是有沒有心動，如果沒有動心，那請把這段結合放到「工作」那個方框裡。

以下為小心形範例，我們開始「微分」：

1. 先在小心形裡寫上對象名稱或代號。

2. 畫出你對此人的情感曲線，由左而右，最左為相識之印象起點，最右為目前為止對此人的情感的相對位置，注意，在相對高點不代表有結婚，有結婚也不代表會在高點。

3. 中間的波動轉折代表有事件的影響或心境的轉變，範例中的比較大的轉折通常代表有事件發生，每一小段的高點與低點中間就是微分的目標，但其實中間有些微的變動，都算是微分的標的，因為所有的爆發轉折點，大多都是因為平時不經意的正向累積或負向累積。

4. 舉例，平時你都會偷偷地看著對方，有一天對方看到了你，向你回個微笑，這個微笑就是向上變化線，但還不確定是禮貌性微笑還是有好感的微笑；有一天你看到對方身邊有另一半，這時就會出現一個向下變化線；又某一天你發現那個另一半其實只是對方的兄弟姐妹，此時你又會出現一個向上的變化線，所以光這三段就有三個微分線。

5. 再舉例，你終於認識了對方並開始交往，曲線轉到最高，但慢慢發現對方有小缺點一，過一陣子發現有小缺

點二，再一陣子又發現有小缺點三，但這三個小缺點你並不以為意，在你的微分線裡只是三段略微下降的微曲線，但某一天你認識了一個你覺得是所謂「對的人」或是「天上掉下來的禮物」，你對原本對象的愛意陡降，這條陡降線在股票術語叫做「補跌」，放大了原本缺點的印象。

6. 理論上認識並相處了一年，應該可以畫出超過一百個「波動」的曲線，如果你畫得出來，代表你非常細心以及非常閒，你可以把這些「變動」用另一張紙或數位檔案記錄，希望每個小心形裡至少包含了10個以上的微分線型。

7. 所有的小心形都微分好了後，再來才是重頭戲，如果你先前微分出較多的資訊，那麼在交叉比對所有的小心形時就能找到你在某個時期對喜好與厭惡的「趨勢」，也就是所謂的「顏值控」、「身材控」、「香味控」、「財富控」、「新歡控」、「清新控」、「暖男控」、「蘿莉控」、「_____控」……，更重要的是你能看到你在不同時期的喜好變化，以及所有變化的背景值，包含你自身的條件與背景的變化，進而分析究竟什麼才是你想要的。

是不是覺得談個戀愛為什麼要這麼麻煩？

沒有一定要做「愛的微分」啊！就只是在瞭解自己把愛花在哪裡？什麼情況會讓自己「驛動」？是否讓同樣的錯誤一再發生？是否遺忘了當初的熱情？自己的愛是否是「短線操作」？你是在傷害別人還是在傷害自己？你是「注定」要被傷害還是你「願意」被傷害？

第十章
愛

「愛」一直在保護你，可是你是否在傷害「愛」？你有正當、正確、正常的在發揮「愛」嗎？還是你只想用「做」的？

　　即使是單戀，即使是暗戀，都表示你的愛是豐富的，愛讓你立體了起來，愛讓你有了向上的動力，被拒絕很正常，對方並沒有看到你的優點，或是你的優點不夠廣不夠深，向上的動力是否有把你的優點放大？如果你認為單靠擁有外貌或金錢就能找到真愛，你不過是找到「顏值控」或「財富控」，要不然電視劇老演一些有錢人裝成窮人去找「真愛」，因為「條件好」反而會成為「真愛」的「障礙」，他們會懷疑，萬一「條件」不存在了呢？

　　心魔在「愛情」部分著墨太多，不是專家卻裝成專家就太虛偽了。回到微分，「微分」並不限定用在愛情，依據些微的變化所產生的累積，這些實質的「存在」，就是我們要尋找的「根因」，外的變數都只是在協助我們找到「愛的根因」，這個「根因」不會在別人身上，只會在自己身上，因為你就是「愛」的「發動者」，因為你是「神」。

愛的積分

　　用微分找出每個階段愛的微妙變化；用積分觀察統計愛的爆發力與影響力。

　　在小心形裡的變動曲線裡，以最左方的起始點處畫一縱向y軸，此y軸即為情感喜好程度的高低，x軸為時間的推移。

　　以上圖為例，a點為當時的情感歸零，b點為某階段愛情的高峰，a點雖然隔出s1及s2兩個區塊，但這兩個區塊都算是b點的積分，在數學你可以算a點到b點的積，但在愛情，過去的每

個時間點的情感並不會消失，或許會因為某些因素讓你選擇遺忘，但是曾經走過的路、看過的風景、說過的話……都可能在某些場合再次浮現。

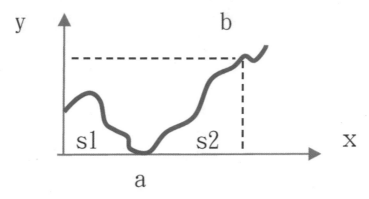

　　舉例來說，如果是因誤會或爭吵而分手，情感歸零，但是在雙方都沉澱一陣子後，試著為對方著想，在某個巧遇，可能就是重燃與爆發的契機。

　　再以行善之人的曲線來說，持續的行善，所施予的大愛一定是持續性的累積，每次的行善都影響著某些人，聚沙成塔，所以才說「勿因善小而不為」，你永遠不曉得影響到什麼人或造成什麼樣的良性循環。心魔並不是要你去計算有多少人應該記得你的恩惠，而是去瞭解你的「愛」有多麼重要，不單是因為你「擁有」，更是因為你「會用」。

　　「會用愛」還要懂得「不求回報」，應該說「不求回報的愛」才是「真愛」。這麼說好像是心魔要大家做傻瓜似的，如果沒有回報我又何必花費精神去愛？

　　那麼心魔先從「愛情」的面向問你，你希望付出「愛」後得到什麼樣的回報？

　　一個擁抱？一個交合？一個經濟支柱？一個免費家管？一個一生一世的隨口承諾？一張白頭偕老的形式證書？

第十章 愛

所以你的付出是有目的的？是有條件的？

　　這讓心魔想到達摩對著梁武帝說「無功無德」的故事，當你抄經、奉僧、建寺的目的是為了「功德」，那便是「有所求」，一旦「有所求」便是「著相」、「起貪欲」、「有罣礙」，這個時候就算有「功德」，也都只是表面的奉承和刻在石碑上的形式，並不是性靈的清淨圓滿。

　　「愛情」何嘗不是？當你老把「付出」放在心上，當你老把「犧牲」放在嘴上，你就起了「比較心」或說「得失心」，患得患失後最先受害的就是自己，鬱悶不快樂，開始看對方看怎麼都不順眼，對方也會覺得你的付出與犧牲反而對他造成壓力，他能做的不是增加自己的壓力就是用某些形式的「解脫」來化解壓力。這樣你的「愛」還是「愛」嗎？

　　抄經、建寺、供僧以為有功德，實無功德。

　　結婚、買房、同床以為有愛情，實無愛情。

　　再以父母的愛為例，大部分的父母對小孩的愛也是不求回報的，只求自己的小孩平安健康地長大，快樂幸福地生活，自己總是吃著魚頭雞骨、殘羹剩餚，吃到小孩們真的認為家長愛吃魚頭，所以在家長臥病時買魚頭湯「孝敬」，家長也只能「含著眼淚」喝魚湯。

　　又離題了。請你試著用「不求回報」的心情去關愛家人，對外人或許力有未逮，但可以試著從家人先開始，畫出「愛的積分圖」並觀察變化，你一定可以發現你的「愛」是「豐富」的。「愛」是一種神奇又有趣的互動，當你付出時你會發現你的「愛」是滿溢的，當你冷漠時你會發現你的「愛」是枯竭的，平時你的「愛」會介於好像有又好像沒有的「量子糾纏」狀態，但其實「滿」與「枯」只差在行動而已。

所以真正的「愛」是不是在保護你？而且還能保護他人！

……

你信「神」嗎？「神」會要你回報他嗎？

【第46道檢視】

如果我從小就在被霸凌與被排擠的日子長大，「愛」哪有保護我？我又何需去愛別人？

A. 沒錯，我應該懷恨一輩子，並且霸凌比我弱小的人，才能平復我心中的痛；

B. 彼此彼此，互相互相，誰愛我我就愛誰，誰霸凌我我就霸凌誰，等我有權有勢，君子報仇十年不晚；

C. 有能力的人會幫助別人，因為不忍心看到有人痛苦；沒有能力的人會傷害別人，因為不想只有自己痛苦，「愛」就是讓我成為有能力的那個「神」；

D. 會霸凌別人的人，不是孩童無知戲謔，就是「愛枯竭」到需要靠傷害別人來武裝自己的孤獨與恐懼，所以他們通常成群結隊，需要彼此壯膽，他們需要愛，但是不敢說，怕說出來會被笑，我沒有必要也不想成為那樣的人；

E. 其他＿＿＿＿＿＿＿＿＿＿＿＿＿＿＿＿＿＿＿＿＿。

第一次檢視選擇	第二次檢視選擇	第三次檢視選擇

【第47道檢視】

到底要如何在茫茫人海中找到「真愛」？

A. 公告徵婚啟事，羅列心中理想條件，再從報名人中篩選數名作為試交往對象；

第十章
愛

B. 先騎一頭驢，總有機會遇到一匹馬，等換了馬，再看能否遇到千里馬，一個一個試總會找到適合自己的；

C. 找「真愛」談何容易！就先找一個大概可以將就的，再要求或訓練他成自己理想中的對象，這樣不就有了；

D. 在茫茫人海絕對找不到真愛，因為每個人都會給出不同的試煉和解答，他們都是活躍的「變數」，唯一不變的「真」只會在我自己身上，並且只有時間能檢驗真偽；

E. 其他_____。

第一次檢視選擇	第二次檢視選擇	第三次檢視選擇

【第48道檢視】

在媒妁之言的時代離婚幾乎很少聽到，在自由戀愛時代，離婚率反而有增無減，是自己看人的能力比長輩差嗎？

A. 是的，長輩閱歷多，看人比較準，是以實務生活經驗為考量，所以會找門當戶對；而年輕人找對象都憑感覺，總是要實際生活後才會發現彼此有磨擦問題；

B. 這是太過自由的結果，自由戀愛、自由分手、自由結婚、自由離婚，為了追求自我，不再委曲求全；

C. 離婚這個現象最常發生在經濟發達的國家，尤其是雙薪家庭，夫妻兩人都有事業要忙，工作壓力、冷漠暴力、失去熱情、外遇頻繁，這是文明社會必然的產物；

D. 離婚或不離婚並非作為人生幸福與否的結果論，如同媒妁之言或自由戀愛不應作為離婚與否的原罪，婚姻只是人類在文明世界裡的一個約定、一個儀式，甚至變成一種形式上的禁錮，覺悟「真愛」的真諦才是「神」該做的功課，如果接受

安排好的「幸福人生」，你反而會在沉浸幸福的一霎那懷疑這是否是「眞愛」；

E. 其他＿＿＿＿＿＿＿＿＿＿＿＿＿＿＿＿＿＿＿＿＿。

第一次檢視選擇	第二次檢視選擇	第三次檢視選擇

【第49道檢視】

施捨的對象可能是詐騙？關心的所愛可能變驕縱？信仰的精神可能變墮落？「愛」的付出究竟應該怎麼拿捏？

A. 施捨當下所發的是「慈悲心」，旣然「善」與「愛」已法性充盈，就不需要去懷疑是否是詐騙，如果想要一個安心的捐助管道，可以捐給金流透明公開的慈善團體；

B. 自己毫無保留的付出「愛」，但小孩或愛人認爲這些都是「應盡的本分」，「關係」反而成爲一種「依賴」，但這不意謂著需要改變「關係」，而是試著放慢自己的步伐，享受這種「關係」，與所愛的人一起分享、一起成長；

C. 所熱愛的興趣與嗜好與所信仰的理念與精神，是否會因爲深陷其中而不見其林？是否會因此而錯過更多？不用擔心，千萬法門，一人能遊不過萬一，其餘萬分之九九九九強是肯定要錯過，但會由其他人補齊，只要心中一「愛」尚存，便不墮落；

D. 我們對於現實中發生的事件稱作「必然」，對於所有的「必然」我們習以爲常，我們只要確定有「愛」在身，因爲「神」發散的是「愛」而不是「理所當然」；

E. 其他＿＿＿＿＿＿＿＿＿＿＿＿＿＿＿＿＿＿＿＿＿。

第一次檢視選擇	第二次檢視選擇	第三次檢視選擇

【第50道檢視】

在「進化論」中主張「適者生存，不適者淘汰」，但明明人的「愛」太弱勢，為什麼人類不旦沒有滅亡還主宰地球？

A. 人類是靠「智慧」存活，並非靠軟弱的「愛」生存；

B. 光有「智慧」而沒有「愛」，那叫「人工AI」，就算量子科學研發介於0與1的bit來模擬介於「無愛」與「有愛」的量子糾纏Φ，那終究是「設定」，是「參數」，是「可調整」的，是「客製化」的，比不上「我」所擁有細膩有層次、豐富有餘味、理性又感性、溫柔又激情、_____的「愛」，而且還不用擔心因為情感的善變與矛盾陷入程式的無限迴圈，更不用擔心因為講了個冷笑話才發現機器人沒有更新「冷笑話反應Patch」；

C. 玩命關頭（The Fast And The Furious）20年出了九集，每一集最後一定是全家及伙伴團聚，以「愛」為Ending，表示「愛」使我們堅強、「愛」把我們凝聚、「愛」讓我們無懼，劇情雖然跨張，訴求也牽強，但「愛」體現了保護家人與感化對手或化解心結，更重要的是有「愛」的人是不是帥爆了，光這一點「神」就不會讓人類滅絕；

D. 可以確定的是，沒有「愛」的人就跟「行屍走肉」一樣，這一點問失戀的人就知道，生活頓時了無生趣，容易有想不開的念頭，但其實就算失戀，「愛」並沒有消失，失戀的人仍然有無限的「愛」，一個充滿「愛」的人，應該把「愛」傳給另一個或很多個遭逢苦難需要「愛」的人，或許很多人

不需要我，但一定有更多的人需要我，尤其是「我」，因為「愛」才是「我」延續並存在的動力，「永生」的目的；

E. 其他＿＿＿＿＿＿＿＿＿＿＿＿＿＿＿＿＿＿＿＿＿＿＿。

第一次檢視選擇	第二次檢視選擇	第三次檢視選擇

第十章
愛

六面封印

　　「世俗」、「宗教」、「制度」、「道德」、「種族」以及「教育」，在自序裡就提到了這六面或說六向「封印」，用「封印」來形容一點也不爲過，這六面封印把「你就是神」的意識牢牢的封死，因爲隨便一個無形框架你都難以逃脫與對抗。

　　「人」當然難以對抗或逃脫這些無形的框架，「神」就另當別論了，「神」不排斥任何框架，因爲框架框不住「神」。

　　心魔並不是反對這些無形的框架、體制，畢竟這六個框架維持了人類數千年來良善的方向，這些都是「我」用當時所能知曉的經驗集成法則讓後人得以遵從……，但究竟是遵從還是束縛？「我」並不想束縛後來的「我」，「我」一定要爲未來的「我」建立更美好的世界，這樣的「永生」才有意義。

　　二十一世紀，網路飛速發展，實現了「超人」甚至是「超神」，現在是Upgrade最好的時機，舊的模組、套件已經無法面對新世界的挑戰，曾經堅不可破的六面封印其實早已千瘡百孔，這六面無形框架也必須給予新的定義，讓它不再是「框架」或「枷鎖」，所以「我」必須將它打掉重練，這過程會非常困難，但一定會有實現的一天，因爲你和「我」已參與其中。

　　這六面封印心魔會從「神」的角度去看各面向的「初心」與「偏離」，「宗教」雖然在第四章就已經講過，但這裡會再加強心魔的看法，希望你能瞭解「我」的用意。

　　一切人類世俗活動皆可作廢，如果只有自己一個人的話。既然是全球性互動社會，世間的習俗乃至「慣性」就不能忽視它。

　　有一種學派把「無神論」或「宗教以外」的一些活動習俗歸爲「世俗主義」，不過心魔不想上昇到「主義」這個層級，就以字面來說，世間習俗、習慣性活動都稱爲「世俗」。

　　「世俗」又分爲「社交」與「傳統」，「社交」比較偏向「全球性」、「普偏性」的人類日常交流活動，「傳統」比較偏向「區域性」、「目的性」的道統傳承。

　　舉例來說，「婚姻」、「以物易物」、「以工換酬」這些是人類自古約定俗成的默契，都是社交活動，到後來用條文規定，大家很自然的接受這種「遊戲規則」，因爲大家都覺得合理。除非你是一區之主或一國之王，你能自訂有利於你的條件，不過那已經是「制度」了，先不在此陳述。

　　人與人之間的相處，建立了一個又一個的「交流模組」，這些「交流模組」也會因爲各地民情不同有所差異，以「結婚儀式」爲例，中國人要穿得大紅才顯得喜氣，西方人則大都一身淨白以示神聖，所以因區域性差異的各地風俗傳承稱爲「傳統」……，等等，到此爲止，這些都是「人」的「社交」或「傳統」，心魔都快睡著了，還是來講「神」的角度怎麼看「社交」與「傳統」。

不過為了怕大家誤會「社交」是動詞的Social，心魔還是用結果論的「世俗」來表示會比較容易瞭解。

世俗

原始目的：促進人間各種文明的交流。
主要功能：「神」在從事人間各類活動的指導。
偏離現象：偏執的主觀意識被合理化與具體化。

舉凡食、衣、住、行、婚、喪、獎、懲……，一切屬於文明的活動，有別於野獸的行為，建立人間最基本活動的行為準則，心魔稱之為「世俗」，例如吃要烹飪要調味、穿要得體要搭配、住要機能要好睡、行要便捷要車位、婚要有緣要登對、喪要豁達要準備、獎要鼓勵要回饋、懲要正義要知罪……，押韻雖然押得很勉強，但與原意也相去不遠，就以「烹飪要調味」來說，你看過哪一種動物會烹飪？哪一種動物會調味？這些「世俗」活動的精進讓人類的生活更美好，人類懂得以勞動換取物質上的享受；再以「知罪」來說，你要一頭咬人的獅子認罪，沒有辦法，動物沒有這種概念，所以如果你犯錯能知道錯在哪裡，並且能避免再次犯錯，那你真的是「神」，因為人會「推諉」會「狡辯」，而「神」不會找藉口。

那麼上述這些「世俗」瑣事看起來都在正規的軌道上，對人類造成了什麼樣的枷鎖？

你消費的習慣會受廣告的影響？你信任明星代言的商品？你買的不是需求而是虛榮？你知道你被催眠了嗎？

消費的催眠、政治的綁架、行為的暗示、思想的洗腦，不是說所有的「潛移默化」都是不好的，而是你是否已經習慣到願意「任人擺布」？你已經不想去思考到底哪裡有問題？

第十一章
社交依歸__世俗

以前的「我」知識有限，又生活在封建制度下，所以「君君、臣臣、父父、子子」是當時的「正義」，不是說科技發達的年代就可以君不君、子不子，而是古老的君權思想、父權主義必須因應時代而做調整。總統可以人民直選，算是打破君權思想，但當心魔聽到兩老的開銷都由女兒負擔，遺產卻大部分甚至全部留給兒子，男子傳宗接代的「祖訓」死刻在人類的「習俗」裡，導致爲子者容易有「不勞而獲」的想法，這反而是害了爲子者，不是因爲爲子者的怠惰有很大機率導致有一天會坐吃山空，而是做一個「神」不應該把「守株待兔」當成是一種「理所當然」，更何況財富對「神」來說是「有效期」的，不會追加到「永生」，甚至財富根本不是「永生」的要件，反而是因爲享樂而誤解「及時行樂」的眞意而得到更多的「空虛」，就像吸毒一樣，當下感覺飄飄然，痛苦解脫，然而回到現實後只有更多痛苦和漏尿。

金錢

　　「金錢」算得上是「世俗」活動裡最大的「遊戲工具」，它本來只是一個「工具」，但已經被扭曲爲衡量一個人幸福與否、成就與否的指標，這有點尷尬和無奈，因爲幸福無法被具體的「量化」，但「金錢」可以，可以「量化」的「值」就可以拿來「比較」，所以當你看到你的後進賺到盆滿缽滿，開名車住豪宅，你會覺得他擁有了一個美好的人生，相較於一個混跡江湖三十餘年仍在郊區租小套房，開著二十年的二手車，省吃儉用，把三十餘年的工作所得奉獻在股市高點及詐騙集團手上，工作能力不好只能期待政府加薪政策，能買到超市的即期品是小確幸……，這樣的「魯蛇」，人家也是甘之如飴，因爲有「永生」、「自由」、「智慧」與「愛」相隨，自然會自覺

「神」不會去比較「世俗」裡「或然率」計算出來的結果，因為有的人「或然率」更不幸，有的六歲就死於瘧疾，有的十二歲就要扛起AK47，有的九十歲還在插管……

「神」並不排斥「財富」、「富有」、「有錢」、「錢財」，前面說過「金錢」只是一個「工具」，「工具」本身並不邪惡，甚至它可以幫助需要被幫助的人，只是「貪婪」會令人「迷失」，這一點光看賭場能夠欣欣向榮就知道，賭場吃定了賭客「貪婪」的本性，贏的人會認為「手氣正好」、「趁勝追擊」，當然繼續賭下去，輸的人會不甘心，就再加倍注碼想要贏回輸掉的錢，不論是輸是贏，賭徒都會有「天命在我」或「遲早會翻身」的心態，賭場也會灌輸賭客「人生巔峰就在一把」，你怎麼會天真的認為賭場是散財童子？你只要賭一次，你就會認為你有經驗有心得，下一次會更有把握，一次又一次的經驗讓你覺得好像抓到公式或訣竅，這個時候勝負已定，你已經因為自以為是而迷失了。

有一百萬，你想操作五倍槓桿；有一千萬，你還是想操作五倍槓桿，因為看到某某人操作槓桿致富，聽到某某人操作槓桿踏上人生巔峰，很奇怪的是這個某某人通常不是我們，Why？因為你沒有「內線」啊！你也不是「主力」啊！就真的是賭運氣啊！成功者還能出來分享祕訣，但更多的是失敗者無法出來分享慘痛經驗，因為正在跑路啊！

投資理財當然需要，尤其是為了年長退休後的財務規劃，有人會給你一個忠告：「當你在盤算別人的利時，別人早已在覬覦你的本」，是不是很為難？屬於你的財富你還得擔心它會不見，而且你擁有越多，你越會擔心有更多的人覬覦，這樣的擔心不也是一種枷鎖？

有的人窮到一家三口共吃一碗麵，有的人富有到寵物一天

的伙食費是那一家三口一周的餐費，貧富差距擴大把「金錢」引發的「貧富對立」、「資源壟斷」及「財團壓榨」問題合理化與具體化，但「金錢」何辜，它只是一個兌換工具，如今變成窮人難以翻身的「魔咒」，你會窮是因為你不努力？你會窮是因為你不上進？天曉得再怎麼努力上進也都被生活開銷及物價上漲給吃光了，難怪有人會發起「躺平」運動，拒絕資方壓榨，但多的是「沒有資格躺平」的人必須對資方低頭，資方的壓榨就變得更合理了，這樣還不夠扭曲嗎？

那麼「神」怎麼看「金錢」？「我」想要什麼？

「金錢」是「兌換」的工具，你想「兌換」什麼？

豪宅？名車？奢侈品？所以你是想要「兌換」「虛榮」？還是你認為擁有豪宅名車就是登上人生巔峰的成就，你要「兌換」的是「解成就」？

「可是沒房沒車沒存款就沒有女朋友啊？尤其是丈母娘不放人」，所以你要「兌換」的是一筆「交易」？

不可能，你不可能沒有「夢想」、「理想」，「我」早就給了每個人不同的「夢想美景」，「神」會給你無盡的阻礙和試煉，因為「神」知道輕易得來的你不會珍惜，所以「神」從來不看「結果」，只有歷盡磨難，穿越荊棘，滿身傷痕，不管「夢想」有沒有完成，這個過程就是「神的日常」，「金錢」就是用來兌換「邁向夢想過程中的日常」，所有一切過程中痛苦的點點滴滴可能只有自己知道，不用感到孤單，「神」絕對會知道你的偉大，也絕對會欣慰於你活在自己的「夢想」，而不是迷失在「金錢」的誘惑，因為「金錢」兌換到的「實相」只會讓你更空虛，「我」更喜歡努力後的充實及分享過程的滿足。

你終究是神，
因為你是我的永生

婚姻

你結婚了嗎？結婚幸福嗎？後悔結婚嗎？需要結婚嗎？

「婚姻」可以說是全球人類共同的習俗，因爲男女生理差異而自然形成必然的「結合」，透過「結婚」儀式或登記，完成「所有權」的宣告以及法律上行使相關權利義務的責任成立。

但從二十世紀以來，「婚姻」作爲人類「必然」的要件正面臨巨大的挑戰，甚至「離婚」也加入了「必然」的行列。

爲什麼結婚？因爲別人都這麼做？因爲年紀到了？因爲緣分到了？因爲不結婚會被笑「魯蛇」或「老姑婆」？因爲需要一個名分？因爲「奉子成婚」？

如果是因爲「愛」而結婚，爲什麼「離婚率」只升不降？難不成當初的「愛」只是「誤會一場」？怎麼確定再次結合的「愛」是「眞愛」而不是「誤會第二場」？

反而同性的結合還眞的不是因爲「世俗的必要」，他們反倒要顧忌「世俗的眼光」，卽使如此，異樣的眼光反而成爲他們「愛的試煉」，心魔並不是支持「同性婚姻」，只是，你怎麼能去阻止兩個相愛的人結合？當你知道你參加的四場異性婚姻之中有三對新人會面臨到「外遇」的問題，至少有一場的兩人將以離婚收場，你在無法確認雙方是否是因「眞愛」而結合時你仍然給予祝福，那爲什麼不能給百轉千迴、排除萬難而結合的同性婚姻給予祝福？

心魔知道很多人都難以接受，尤其認爲同性婚姻違反自然，會導致人類滅絕，心魔就跟你講一個殘酷的事實，遠從三千年前，各部族相互戰爭，大量男女人口被迫分離，卽使現今仍有多處所謂「寡婦村」，戰士都爲男士成爲一個封閉的群體，村內多爲女士也成爲一個封閉的群體，每個人都有情感需

第十一章
社交依歸＿世俗

要疏發，但是一別三、五年，如果是你你會怎麼辦？戰士之間相互扶持的情誼，於是有詩曰：「執子之手與子偕老」；村內婦女彼此慰撫的交流，在古時候「同性超情誼」的比率不會比現在更少，現今人類數量不減反增，現代人不生小孩主要是生活壓力太大，不要牽拖到同性婚姻。心魔知道你擔心的是你的小孩，但你必須知道三件事，第一、你的小孩需要的是「愛」與「瞭解」，現在他被「愛」與「瞭解」或是他正在「愛」與「瞭解」同性朋友，是誰促成這樣的條件？為什麼他必須從同性朋友那邊才能得到「愛」與「瞭解」？第二、不需要用「靈魂放錯軀殼」來消極的敷衍「自然的必然」，你必須相信你的小孩，因為他也是「神」；第三、過多的擔心只會吸引「莫非」來找你。

可是很多已婚人會說「真愛已被現實消磨殆盡」，很多人都是因為小孩在苦撐這「無味」的婚姻，或是婚後才發現對方的「真面目」，真的是如此嗎？

有一些人是因為「肢體暴力」離婚，這是應該的，沒有人需要活在這樣的陰影下，縱容暴力的持續發生只是讓對方養成習慣，你也無需把這種折磨當成「宿命」，不要為自己的懦弱找藉口。

那你應該也聽過「言語暴力」和「冷默暴力」。「言語暴力」還好理解，「粗話」和「髒話」也是「暴力」，其實正確說法是「言語傷害」，只是用「暴力」聽起來更具Power。現代的人「尖酸刻薄」的話其實傷害不下於「粗話」和「髒話」，而且通常帶有「雙重打擊」或「穿透打擊」，心魔就不舉例介紹。心魔要講的是真正傷害婚姻的大魔王是「冷默暴力」，因為被「肢體暴力」或「言語暴力」對待你還有一個「出氣筒」的角色，被「冷默暴力」對待，你什麼角色都沒有

了，就像被打入「冷宮」，連個原因都不給或是不願講出真正的想法，讓你心寒到懷疑人生，茫然無助的懷疑人生，最後雙方都放棄「溝通」的意願，不是走向分手，就是繼續用「冷漠」折磨對方也折磨自己。

這種「冷漠暴力」的境界還真的只有「人」辦得到，「神」都自嘆不如。但是「神」知道絕大部分的「冷漠」其實只是為了某個非常「無聊」、「沒有意義」、「尷尬」、「羞於啟齒」的小芥蒂，然後覺得對方應該要瞭解，都認識這麼久了你怎麼會不瞭解？你到底有沒有心要瞭解？你真的是我的另一半嗎？

反倒是因為外遇而冷默的占很小部分，因為都是要等感情惡化之後才有看似正當的機會可以跟第三人訴苦自己被冷默對待以博取同情，但隱瞞自己也不願溝通的部分，而且這第三人還是「異性」……，那你說這故事會怎麼發展？

明明曾經「轟轟烈烈」，明明曾經「刻骨銘心」，明明曾經「海誓山盟」，怎麼會莫名其妙地走進死胡同？

如果你還記得前面講過「愛的積分」，曾經有的「愛」不會平白消失，所以常有分手的人會問：「你曾真心愛過我嗎？」

心魔要說……大部分的人還真的沒有「真正的愛過」，「做」可能很厲害，但「無悔」很難，因為大部分的人會「懷疑」，只要沒有「覺悟」的人一定會「懷疑」，懷疑自己真正看上對方的是背景、家世、關係、財富、美麗的臉蛋、姣好的身材……，你看上的是一個「變數」……或是很多個「變數」，好像是「為愛而愛」？「愛」成為「例行公事」？「婚姻」成為死板的「公式」？這樣的婚姻怎麼可能不懷疑人生？

隨便一個第三者的關心就能改變你的人生。

那麼要如何才不會「懷疑」？要如何才能「覺悟」？

真抱歉，每個人的功課都不一樣，心魔頂多分享兩個方向，一是「神」會怎麼做？二是「牽手」。

如果你有兩隻手，騰出一隻手牽著他/她；

如果只有一隻手，用你的所有握著他/她；

如果你都沒有手，恭喜你不用擔心分手。

……很冷？不好笑？你的手呢？

傳統

迷信

大部分的「傳統」是正面的，例如元宵提燈籠、端午划龍舟、聖誕掛禮物、潑水節祈福……，雖然這些傳統沒有科學根據，但起碼不造成危害，並且創造人與人之間的互動。但有一些傳統就真的是在挑戰人的智商了，如果完全沒有邏輯、不可驗證，還要付出「代價」，那還不叫「迷信」嗎？

臺灣人有「燒紙錢」、「燒庫錢」的傳統，還有分燒給「祖先」或「神明」的「金紙」和「銀紙」，這擺明是燒個圖自己心安的，「神明」需要你的錢？賄賂嗎？「神明」被「賄賂」還算是「神明」嗎？「先人」需要你的錢？那比爾蓋茲及巴菲特的前世的小孩應該是把整座山都燒了吧？美國經常有森林大火難不成是……？是說心魔的媽媽也不會同意心魔去燒山，她應該會把我的頭巴下去，在夢裡。

用用腦，清醒點，陰間沒有開戶頭怎麼收？同名同姓的人那麼多不會寄錯？陰間用紙幣誰說的？陰間IMF？如果先人投胎到法國或墨西哥，當地有陰間銀行嗎？有匯率問題嗎？先人要不要申報境外所得？燒紙錢的人會不會被上帝記上一筆「空氣污染」？

心魔就用「燒紙錢」這個「傳統」來說明真正的「枷鎖」是什麼？不是「風俗民情」，不是「人情義理」，不是「祖訓道統」，是「燒紙錢」這個「習俗」被「合理化」與「具體化」，一旦你不這麼做，某一夜你夢到先人哭訴錢不夠用，你就會去燒紙錢，因為你已經被催眠，你已經被暗示，你已經被綁架，你已經被洗腦，這就是真正的枷鎖。

外國人不會做這樣的夢，因為他們沒有這樣的「傳統」，除非因為看到這本書而被不自覺地下了「暗示」，那還得看得懂中文。

你仔細想想，有哪個「神明」跟你說要「燒紙錢」？上帝不會這麼說，佛祖頂多讓你燃油燈，老子會跟你說「無為」，那到底是誰說要「燒紙錢」？如果只是要安慰在世的人，燒一張十億的支票或信用紙卡給往生者是不是更方便？

這種情況也發生在「婚前合八字」、「開工挑吉日」、「下葬選寶地」、「祭改」、……，到底是誰發明這些不合理的「傳統」還給它故事合理化？

八字不合婚就不結了？還是政府應該建立「八字資料庫」提供人民認識對象使用？微軟、蘋果、麥當勞都有挑黃道吉日？葬在風水寶地可以庇蔭子孫？先人早已在別的地方以全新的「我」展開新的人生，而且搞不好是在地球的另一邊甚至在別的星球，哪有空庇佑你啊？你諸事不順是因為背後有小鬼？你天生有四大金剛保護你不信你去信有小鬼？要用法師純陽之身的「陽氣」破你身上「陰邪」，這非常耗元氣……這種「鬼話」你都信，要說古人沒讀過書也就算了，偏偏一堆高知識分子也會「著假道」，難道大家只會讀死書，思考邏輯都不會用？

前面說過，「神」會給你無盡的考驗與折磨，為的是喚

醒你的「神」，跨越並超越成為「眞神」，所以人生會「不順」，非常的自然，人生順利的人反而得不到「覺悟」，因為沒有眞正的「體驗」，所以說「瞭解」發生在別人身上的經驗叫「知識」，「覺悟」發生在自己身上的經驗才叫「智慧」。

　　人類各地的「傳統」和「習俗」都有各自具有特色的地方，大部分都是為了「酬神」、「驅邪」、「祈福」或「成年禮」之類的儀式，對「神」來說參與屬於團體類型的活動是有趣的回憶，是的，「神」要的很簡單，就是體驗人間有趣的事物，所以「神」都是以「客觀」或說「神觀」的角度參與體驗，因為「神」不需要「祈福」，更不需要「驅邪」，天地正氣在你血液中流動，沒有這股「正氣」你早就掛了，如果有「邪氣」那也是你自己做了什麼不好的事被自己或他人給「暗示」了，如果你需要透過別人的「暗示」來消解你給自己的「暗示」，不用多久，你自己的「暗示」就會又「活」了起來。要破解自己給自己的「暗示」非常困難，首先「眞誠的認錯」就沒有多少「人」做得到，再來用「正向的行動」來給自己「正向的暗示」，跟隨「神」的腳步，「神」會怎麼做你就跟著怎麼做，最後不要忘記「我」需要你，你也會需要「我」，「我」會眞誠的幫你不收代價，這個「我」或許是你的家人、你的朋友，甚至可能只是一個路人或諮商心理師（諮商心理師要收諮商費，信賴專業有證照可以幫你少走冤枉路），運用可用資源……，又離題了啊！眞抱歉！眞是一個糟糕的寫作家。

　　所以「傳統」是以前的「我」傳給現在的「我」，以前的「我」或許有他傳承的限制或用意，但現在的「我」也必須因應時代予以調整修正，因為「我」也必須傳給未來的「我」。

【第51道檢視】

「金錢」是人類發明出來代替以物易物的經濟活動，它既然不是「自然」的產物，應該不是必要存在的項目，為什麼絕大部分的人都覺得沒有「金錢」活不下去而且越來越不夠用？

A. 因為生活中一切舒適、便利和享受乃至醫療都需要「代價」，越是高所得的地方所要付出的「代價」就越高；

B. 死薪水不漲，房價物價漲不停，全世界一半的財產握在1%的人手上，經濟成長的紅利幾乎都被這1%的人拿走，不合理卻很現實，反正受害人不只我一個；

C. 人類已經被「金錢」綁死了，連生個小孩都要考慮養得起養不起，甚至連婚都結不起，「金錢」成為人世間「必要」的存在，而原本世俗的「結婚」、「生子」反而成為「非必要」的選項；

D. 「金錢」只是人類經濟活動的工具，沒有錢不代表我就是「底層」、「魯蛇」、「邊緣人」，圖書館和網路有我取之不盡的知識寶藏，人世間有我用之不竭的感動體驗，「神」不怕物質匱乏，就怕「精神匱乏」；

E. 其他＿＿＿＿＿＿＿＿＿＿＿＿＿＿＿＿＿＿＿＿＿。

第一次檢視選擇	第二次檢視選擇	第三次檢視選擇

【第52道檢視】

如果「婚姻」會束縛兩個原本自由的人，又離婚率只升不降，再加上「自我意識」高漲，那麼「婚姻」還有必要存在嗎？

A. 要啊！小孩要報戶口啊！還有遺產分配繼承的問題啊；

B. 要啊！再換一個對象結婚就好了啊！換到合適為止；

第十一章
社交依歸＿世俗

C. 如果不想生小孩，也不需要結婚了，給彼此更大的空間；

D. 如同金錢是經濟活動的工具，婚姻也是情感依歸的工具，婚姻只是一個形式，重點還是「愛」，因「愛」而彼此羈絆也共同成長，這樣的婚姻才有意義；

E. 「婚姻」才是「愛的試煉」的開始，單身的時候是一個「神」給你重重磨難，結合後是兩個「唯一的神」給你交叉重重磨難，內心交戰不言可諭，能夠讓兩個內心交戰的人都覺醒為「神」並且見證「真愛」，這才是「婚姻」有趣的地方；

F. 其他＿＿＿＿＿＿＿＿＿＿＿＿＿＿＿＿＿＿＿＿。

第一次檢視選擇	第二次檢視選擇	第三次檢視選擇

【第53道檢視】

婚姻不是應該保障登記立約的兩人？如果有第三人介入破壞別人的幸福不是應該要嚴懲嗎？為什麼只用「侵害配偶權」罰個一點錢？這樣不是縱容「外遇」的發生嗎？

A. 應該恢復古時候「浸豬籠」的傳統，才能遏止背叛婚姻的情況惡化，也能降低離婚率；

B. 「結婚證書」沒有加註「保固期限」，因為沒有人敢保證「婚姻」能持續多久，更不能保證登記的雙方是因「真愛」而結合，所以不能把「結婚證書」當成彼此的「賣身契」；

C. 成年人應擁有「性自主權」，甚至如果有更多人的關愛，為什麼要拒絕別人的關愛？「人」本來就需要「愛」與「被愛」，沒有必要去壓抑自己的情感，也不應該把感情只押注在同一個人身上；

D. 「性自主權」與「博愛、博被愛」是可以接受的，但不應該是在有了「婚姻」之後或介入別人的「婚姻」，除非自己以及對方的另一半知情並同意，否則就是欺騙，「神」允許「博愛、博被愛」，不允許「欺騙」，「神」接受「見異思遷」，但不接受「背棄諾言」，因爲「欺騙」是「欺騙神」，「背棄」是「背棄神」，也就是欺騙_____、背棄_____；

E. 其他_____。

第一次檢視選擇	第二次檢視選擇	第三次檢視選擇

【第54道檢視】

隨著知識的普及與網路的發達，大家逐漸發現很多傳統習俗其實是虛構的，例如嫦娥奔月、聖誕老人送禮、過生日要吃豬腳麵線或是吹蠟燭吃蛋糕……，以前的人眞的沒智慧到別人怎麼說就跟著怎麼做嗎？

A. 古人生活非常枯燥與辛苦，透過神話、傳說與儀式或慶典來爲生活增添色彩及打氣，爲生活找樂子，現代人不也在享受這些樂子；

B. 通常每個種族或地區有各自的傳統與習俗，參與這些傳統與習俗也是族群的認同，這無關智慧，只是不想被排擠，不想被當成異類；

C. 如果傳統與習俗是可以刺激人類交流活動，提供歡樂、溫暖與浪漫，這個時候當個究竟明白人是掃興的；

D. 熱鬧的、有趣的、地方特色的互動與分享是「神」所樂見的；封閉的、恐懼的、走火入魔的催眠與儀式不是「神」的

旨意，也不是「魔」的願望，是「人」的「愚蠢」和「私慾」；

E. 其他＿＿＿＿＿＿＿＿＿＿＿＿＿＿＿＿＿＿＿＿＿＿。

第一次檢視選擇	第二次檢視選擇	第三次檢視選擇

【第55道檢視】

如果「迷信」也是一種精神寄託，是否代表「迷信」也是一種安定的力量？

A. 是的，做人何必太清醒，反正大家怎麼走就跟著怎麼走，也算是一種宇宙運行的軌道，離開這個軌道反而會有危險；

B. 是的，寧可信其有不可信其無，舉頭三尺有神明，這樣人才會有恐懼，才不敢做壞事；

C. 「信仰」當然是一種精神寄託，然而信仰到失到理智或盲從，進而成人別人利用的工具，攻擊異己、捐錢捐命，自己的腦被洗成別人的腦，這與喪屍何異；

D. 已「迷信」者不認為自己是「迷信」，反而認為那是「真理」，別人才不懂，就像酒醉者不會意識到自己酒醉，反而是將自己的「認知」連結到「絕對」領域，所以此時的「迷信者」如同「酒醉者」是無法溝通說理，酒醉者還有清醒時，迷信者通常要經過重大損失或傷害才會清醒，甚至永無清醒的機會；

E. 其他＿＿＿＿＿＿＿＿＿＿＿＿＿＿＿＿＿＿＿＿＿＿。

第一次檢視選擇	第二次檢視選擇	第三次檢視選擇

　　看這個專題說「宗教」是精神依歸，是不是太武斷了？全球大約有十分之一的人是「無神論者」，有七分之一的人是「無宗教者」，那麼這些無神又無宗教的人的精神不就沒有依歸了？

　　第一、心魔指的是「大部分」的人；第二、「宗教」在第四章已經做過說明了，這裡要講的是從「宗教」延伸到日常生活的影響，你所參加的婚、喪、節慶、習俗……等，幾乎都跟「宗教」有直接或間接的聯結；第三、「無神論者」或「無宗教者」本身就是一種論述、一個理念，「宗教」又何嘗不是。

　　那麼心魔主張的「我即是神」的論述算是「宗教」嗎？當然不是，那只是一種「觀點」、一個「角度」，任何人都應該有這個「權利」從「神」的角度看世界，這沒有「褻瀆神」的問題，你要追隨「神」的腳步，怎麼不能從「神」的角度看世界以及學習「神」的「精神」，你實踐「神」的教誨，延續「神」的志業，為什麼不會懷疑你是在延續「你自己」的志業？

　　要是哪一天你所信仰的「神」質疑你「逾越」「神的權限」，記得叫你的「神」來討伐心魔，都是心魔花言巧語誘騙你上當的，冤有頭債有主，讓你的「神」下一道天雷教訓心魔，如果有一百個「神」來討伐心魔，那麼就有一百道天雷讓心魔灰飛煙滅，哇！光是想到那個畫面就覺得很壯觀。

宗教

原始目的：延續「神」的意念。

主要功能：人類精神依歸。

偏離現象：假傳「神」旨。

心魔真的不怕被天雷劈嗎？竟敢挑戰眾神。

其實心魔比較怕插管躺在病床上，「神」願意用雷劈心魔也算是看得起心魔了，真的灰飛煙滅就可以把火化的時間省下來，也不需要「告別式」和「塔位」了，簡單俐落又不占空間，就怕「神」不肯幫這個忙。

嘿！You，如果心魔沒有被雷劈不代表沒有「神」喔！一是「神」可能沒有下天雷的能力，二是「神」的信徒本來就是「神」的「分身」，每個「分身」出一點小小的力量，集結起來就是一個巨大的力量，讓「神」的意念更有效率的被放大被執行，所以怎麼可能這樣就「逾越」「神的權限」？「神」要很開心才是，有大量的「分身」在延續「神」的「永生」，所以「神」應該要「獎勵」心魔才是，事實上，有點不好意思，「神」已經獎勵心魔了，Thank You！

回到主題，這頁開頭寫道「宗教」的原始目的是為了延續「神」的意志，應該沒有宗教是想延續「魔」的精神，其實不只是「神」，也包含「創教者」、「傳道者」或「我」，因為「宗教」也包含像「道」、「儒」、「墨」這種哲學思想教別，所以「宗教」的原始目的有的是延續「神」的意念，有的是延續「教義」的精神，只是以世界觀來看，大部分都還是以前者為主。

你終究是神，
因為你是我的永生

由於對於生老病死的疑惑，宗教提供了精神方面的慰藉，只是隨著時代的前進、知識的普及，大家逐漸發現宗教裡一些不合理的地方，願意調整的就分歧成「新教」，不願意調整的就稱爲「基本教義派」，但是「神」的旨意是不明的嗎？是守舊的嗎？是可調整的嗎？是誰在解釋「神」的旨意？確定經文沒有被加油添醋？「神」要你發動「聖戰」去消滅敵人？「神」會限制你的言行舉止乃至於「穿著」？「神」會重男輕女？「神」有階級之分？「神」要你捐錢、買階級？爲什麼同樣是「修道人」有人可以清苦持戒，有人則是珠光寶氣？

所以這些到底是「神」的旨意還是「人」的旨意？

可是心魔不是說「人」就是「神」？那些傳旨意、解讀旨意的人也是「神」的分身，自然也是「神」的旨意啊？

如果「神」的旨意裡被加入人的「私心」呢？

如果說未經檢視的生命不值得活，那麼未經檢視的宗教是否值得信仰？

出家

「諸法皆空」、「不生不滅」、「夢幻泡影」……，「佛家」要弘揚的是「覺」和「悟」，卻成爲「逃避」和「怠惰」的藉口。

「出家」有各種理由，有的地方視出家是一種「榮耀」或「福氣」（爲家人積福），有的是眞正對「佛學」感興趣，有的是因爲「避難」、「躲債」，也有不少是所謂「看破紅塵」。

若你看到或聽到「應無所住而生其心」有「感應」或「頓悟」，甚或是哈哈一笑，那麼你就有「出家」的資質。可是如果眞的「生其心」，又怎會「住」在「出家」，遠山古佛絕隔

世俗，這樣不算「逃避」嗎？不體驗世間的「悲」與「痛」，不品嚐人間的「苦」與「澀」，不能從其中「覺」與「悟」到這趟旅行所見的「諸法」都是「智慧的實踐」，心魔會覺得浪費了「無所住」的慧根，會覺得或許同樣是活在另一個世界的「宅男」的「智慧的實踐」還來得高一點，因為同樣難得「覺」、難得「悟」的「宅男」起碼他們的「多維世界」至少是快樂的。

弘一精妙，妙於自我，拋妻棄子，濫用無我，苦追印光，僅知舔缽，證法之心，不過生活。

起乩

「起乩」也稱「扶乩」，常見於道教寺廟，但是道教並不認「扶乩」是出自於道教，因為《道經》早言明「正神不附體」，而且老子、莊子有教過起乩嗎？所以又是「有私心人」依附宗教之名，假神明之言行騙，久而久之還成為「問事」的宮廟文化，所以乩身們也不會認為是行騙，而是對信徒的「指引」與「安心」。

這麼說好了，常降駕的「三太子」、「濟公」、「關聖帝君」、「齊天大聖」……等，大概就「道濟」和「關雲長」是真有其人，「哪吒」是貫穿佛、道兩教的神話人物，「孫悟空」是小說杜撰出來的，先不管神明附身是真是假，你不覺得全世界的「神」都有一個共通的點，就是「神」的話都不是由「神」親口說出，都需要由人來轉達，然後「神」會傳話給「先知」、「靈媒」、「乩童」，就是不會通靈給我們？我們就是「感應」不夠，聽不懂「神」的語言，所以要「先知」或「桌頭」來「翻譯」？

心魔不是說我們都是「我」來的，「道濟」和「關公」也

都是「我」，乩童以「我」的角色來代「神」發言也沒錯啊？

　　如果你這麼說，心魔會稱讚你有慧根，只是你太善良，「濟公」和「關公」會跟你收錢嗎？「可是乩童元神大傷看起來很累的樣子，給人家營養費也是應該的……」，是的，而且人家還提供場地及道具，不給一點心意會過意不去。那麼心魔要反過來問，假設你是「濟公活佛」或「關聖帝君」或其他神明，你爲信徒服務的目的是什麼？你都已經是「神」了還需要透過「中介」來服務信徒？如果某個乩身或靈媒假藉你的名義在外招搖撞騙，你要眼睜睜地看你的信徒被騙嗎？他一下子「濟公」上身，一下子「齊天大聖」上身，你明明知道是假的你也無動於衷嗎？哪一天有求必應的「多啦A夢」上身怎麼辦？

傳教

　　先聲明一下，心魔不是說「傳教」不好，信了教有了感應及歸依當然很好，願意分享給他人更是善行，心魔只有兩點小小的意見，一是「傳教」還有「業績壓力」？二是「神」爲什麼不現身一下飄在半空中信徒自然就來了？

　　把「傳教」套用傳、直銷的推廣方式，迅速擴大組織，這是「人」的私心吧！還有贖罪券，還有買階級……，「神」什麼時候這麼勢利了？所以是「人」勢利還是「神」勢利？

　　再反過來，假設你就是這個宗教的「眞神」，你不想現個身讓你的信徒方便宣揚一下嗎？你的信徒這麼辛苦的在幫你「造勢」，相信你能爲他們帶來「永生」以及「脫離苦海」，做主角的你都不上台一下，豈不是讓你的信徒會被其他人認爲是詐騙；又或是眞的有人假藉你的名義在吸金，三分救濟、七分私囊，你也不出來制止，那麼你有什麼值得讓人信仰的呢？

第十二章
精神依歸＿宗教

要說「永生」，只要「我」會存在「永生」便實現，而「宗教」所闡述的「永生」有誰敢打包票？根本沒有人親身體驗過「宗教」所描繪的「天堂」與「地獄」，光看宗教間彼此攻訐就知道每個宗教都自編一套「話術」，「傳教的話術」，吸引你進來「奉獻」的話術，而大部分的人「鄉愿」的「寧可信其有」，這不就跟「河伯娶妻」裡，鄉民相信巫婆的話，認為會有水患是因為「河伯」生氣，要送個少女給河伯才能讓河伯息怒，鄉民是「無知」還是「鄉愿」？你相信「殉教」能在天堂得到XX個處女，這是「無知」還是「鄉愿」？「神」會把「女子」當作「獎勵」、「獎品」？？？那不是「神」而是「巫婆」吧！你不知道下一個你是女性的機率是二分之一嗎？

罩袍

延續前面那一句「下一個你是女性的機率是二分之一」，二分之一就代表有一個非常重要的意涵：平等。

把女子包得密不透風，以示女子之「貞潔」，心魔對「貞潔」的形式沒有意見，況且「罩袍」也有時尚款，既有文化傳統又兼容時尚美學，心魔只是想到「三寸金蓮」也是文化傳統又兼容當時的時尚美學，這是禁錮是枷鎖。就更不用說某教的某些派別並不接受「美麗」的罩袍，因為穿罩袍就是希望女子不被吸引，當然不能接受會吸引男子的「美麗」的罩袍。

心魔就簡單問一句，如果下一個你是穆斯林女性，你願不願意被強制穿「罩袍」？犯戒還要被鞭打或被丟石頭？受教育還要被限制？你知道嗎，下一個你成為穆斯林女子的機率比中樂透的機率還要高上萬倍，所以為什麼說「己所不欲無施於人」，你默認的限制將會限制到未來的你，同樣的，你解放的自由將會解放到未來的你。

伊朗的「頭巾事件」延燒，燒的不就是覺醒嗎？

假傳「神」旨的事情太多了，不只是神職人員傳出自己的私心，一般民眾也會利用宗教來欺騙單純無辜的人，在神明面前起誓、斬雞頭？用擲筊來決定要不要做違背法律或道德的事？對討厭的人下咒、打小鬼？生病、邪靈附身要喝符水？犯小人、犯官符要破財消災？賭博前拜財神？陰邪之氣太重要用至陽之身破除？做完壞事可以向神懺悔祈求赦免？……

不要說「神」不會教你這麼做，連「魔」都不會教你這麼做，只有「人的私心」會叫你這麼做。

「人的私心」不就是「魔」嗎？

不好意思，「人的私心」就是物種生存的基本條件，「人不為己，天誅地滅」，因為能力有限，因為執迷不悟，所以必須「私心為己」，「神」不會有能力的問題也不會有執著的問題，「魔」也是，「魔」不會去假傳「神」旨，因為做這種低能的事會被「神」笑死，不要說會被「神」瞧不起，連「魔」自己都瞧不起，所以不要再把這種「人的私心」歸在「魔性」，因為如果要把「人的私心」歸在「魔性」，那麼各「宗教」裡的信徒都是有所求，無所求又怎會入教，既然是有私心，那麼要算是有「魔性」嗎？

所以人類自己的錯誤與犯行不要再賴到「神」與「魔」的頭上，自己扛了吧！你得先正視自己的錯誤與犯行，你才能進入「神」的領域。至於「魔」的領域，等你熟悉了「神」的領域，自然就會看到自己真正的「魔」，那是你該認識也應該要面對，跨越這個坎，你就能見到「我」了。

【第56道檢視】

大部分的宗教都說自己是「正宗」、「正義」，別的宗教是「邪魔歪道」、「異教」，我要如何得知哪個宗教才是真正的「正宗」、「正義」？

A. 我現在所信仰的宗教即是正宗，別想動搖我；

B. 宗教都是虛幻的精神主義，何來正宗與正義；

C. 掌握權力的就是正宗，戰勝的一方就是正義；

D. 每個宗教都是正宗，所行教義皆為正義，時間會汰弱留強，無需在意哪個才是正宗？哪個才是正義；

E. 工具箱裡有各類螺絲起子、扳手、鉗子、鎚子……，能符合你的需要就是正宗，能解決你的問題就是正義；

F. 其他＿＿＿＿＿＿＿＿＿＿＿＿＿＿＿＿＿＿＿＿＿＿＿。

第一次檢視選擇	第二次檢視選擇	第三次檢視選擇

【第57道檢視】

某些國家或地區的人民從一出生就立刻有了宗教綁定，或是家長決定，這些人沒有選擇宗教的權利，這樣對他們公平嗎？

A. 差別不大，就跟古時候的人指腹為婚、媒妁之言一樣身不由己，相當於古時候的扭蛋文化，看個人造化了；

B. 反正自己選的宗教也不見得會比較好，信仰誰不都一樣，都是找一個老大罩（庇佑）；

C. 這是把宗教給「習俗化」，因為大家都是這樣，你不能跟別人不一樣，這是標準的「封印」，沒有「自主權」的「封印」；

D. 出生綁定的又豈止是「宗教」，「制度」、「傳統」、「國

籍」、「膚色」、「性別」、「種姓」……，先天的外在條件被約束還能理解，如果連「思想」在未經審視的情況下都要被綁定，那就活得跟工蟻、工蜂沒什麼差別了；

E. 其他＿＿＿＿＿＿＿＿＿＿＿＿＿＿＿＿＿＿＿。

第一次檢視選擇	第二次檢視選擇	第三次檢視選擇

【第58道檢視】

「宗教」都有它的「戒律」，這些「戒律」大多是勸人為善、諸惡莫做，形成道德精神約束，這種約束是「修行」還是「枷鎖」？

A. 所以才會有「天堂」與「地獄」啊！守戒行善就能上天堂，恣意妄為當然就要下地獄；

B. 只有「壞人」才會認為「戒律」是「枷鎖」，善良的人都會認為「戒律」是大家都應該遵守的規則，是保障「好人」的「正義」；

C. 「戒律」只能約束良善之人，為惡之人的眼中只有「私利」或「憤怒」，「戒律」正好是圈羊的柵欄，狼又怎麼可能不跨越這個柵欄；

D. 就算沒有宗教的戒律，國家的法律、社會的秩序與家庭的責任也都會造成約束，能身在約束迷陣而不感到約束便是「修行」，無拘無束卻仍感到恐懼那便是「枷鎖」；

E. 其他＿＿＿＿＿＿＿＿＿＿＿＿＿＿＿＿＿＿＿。

第一次檢視選擇	第二次檢視選擇	第三次檢視選擇

【第59道檢視】

各宗教的「法器」、「符咒」、「儀式」是否真有驅魔的功能？

A. 教友都說有，電影也有演，所以應該有驅魔的功能；

B. 有的，那是古人的智慧，經過法師開光威力更強；

C. 沒有，都是噱頭罷了，頂多是心理暗示功能，求心安而已；

D. 誰需要被驅魔？好人？壞人？仁善之人？多行不義之人？被心理暗示之人？常走「夜路」之人？「神」會讓好人著魔？「神」會幫壞人驅魔？「魔」驅走後會變好人？「神」是「人」造，「魔」是「人」編，你疑神疑鬼，那詐騙者還不趕快編一個魔鬼給你，如你所願，你還會誇他專業；

E. 其他_____。

第一次檢視選擇	第二次檢視選擇	第三次檢視選擇

【第60道檢視】

宗教是好的，對世界是有貢獻的，互助、濟貧、慈悲、安寧，那為什麼宗教還是被人所懷疑？

A. 科技進步、迷信破除，再加上宗教沒有與時俱進，墨守成規，以致成為自己發展的枷鎖；

B. 很多宗教的教義裡有著仇視、敵對、毀滅的情緒，甚至同宗異支都有，不免讓人懷疑這是正教還是邪教；

C. 因為有各種宗教可以選擇，以致於產生了比較，沒有比較沒有傷害，一旦比較就會發現各宗教都存在著一些不合理或無法證明的經文或論述；

D. 除了清苦自持的宗教，大部分的宗教組織都非常富有，一旦

財務不透明，就會讓人懷疑信徒奉獻的資金流向；

E. 其他＿＿＿＿＿＿＿＿＿＿＿＿＿＿＿＿＿＿＿＿＿＿＿＿。

第一次檢視選擇	第二次檢視選擇	第三次檢視選擇

　　依循共同規範建立準則，人類是地球上最會搞「制度」的生物沒有之一。舉凡法律規章、交通號誌、文法詞綴、通訊協定到長度體積……等，人類建立了不計其數的「制度」以作為互動溝通的規範，有了共同遵循的方向，也提供各地文明迅速成長的基石。

　　目前整個世界的各項制度還算齊備，國際間溝通運作順暢，那麼心魔又有什麼看不順眼的呢？

　　每天有超過上千億筆的金融交易，超過上百億次的交通運量，就像人體的血液、神經，規律又有秩序地在運行，心魔怎麼敢看不順眼。

　　只是你不覺得奇怪嗎？若一切都在軌道上，一切都井然有序地運作，怎麼這個世界還是一大堆的衝突與不公平？而且裁決利益經常對弱勢者不利，這種情況不止是發生在各個國家地區之內，國際之間依附強權更是現實的硬道理，難道「強權」才是「真理」、才是「正義」？

　　以「進化論」來看，「適者生存，不適者淘汰」，「強權」就是那個「適者」嗎？「弱小」就是那個「不適者」嗎？

　　是的，如果我們沒有「覺悟的智慧」的話；

　　是的，如果我們沒有「天生的自由」的話；

　　是的，如果我們沒有「無限的永生」的話；

　　是的，如果我們沒有「神性的愛」的話；

「我」不會是天生的「適者」，「我」也不會是為了當個「不適者」而來到這世界，「我」只信仰自己心中的一片「境土」，這片「境土」神聖不可侵犯，人間的「制度」無法限制它，世俗的觀念也束縛不了它，但前提是你得先瞭解「制度」的「Bug」，至於你要「修正」這Bug，或「忽略」這Bug，你自己再決定，你的「決定」應該是經過瞭解並分析權衡過的，而不是「一概接受」，因為選擇「一概接受」就代表你願意「放棄自主權」，接受「制度」的安排，這樣你的「境土」其實是別人形塑的「境土」，不是你自己的。

制度

　　原始目的：模擬天堂提供自我價值實現的平台。
　　主要功能：建立公平正義的秩序。
　　偏離現象：資源被壟斷，強者恆強，弱者恆弱。

　　前面講的「淨土」是什麼啊？要怎麼擁有自己的「淨土」？「淨土」是不是佛家所說清淨無塵的莊嚴世界？還是通徹的覺醒？還是「One Piece」裡所說的「祕寶」？

　　都是，甚至每部電影或每一本書或每一件藝術創作都會有一個「核心思想」，你更是一個完美的作品，你會有你自己的「中心思想」、「夢想」、「愉悅寧靜的世界」、「無上聖潔的禁區」，那是你終其一生都在打造的「圓滿」，最有意思的是這片「淨土」裡沒有一毛錢，你也捨不得拿錢污染它。

　　而每個領域都有他獨特的「祕寶」，「制度」就是建立每個領域的公平與正義，提供實現自我價值的平台。

例如社會秩序的獎懲制度、金融流通的交易制度、政府維運的行政制度……，即使只是一個企業，都有它的人員管理制度、績效獎懲制度、原物料成本控管制度、帳務管銷會計制度、員工與股東分紅制度、程式進出館制度、緊急危難應變制度……，所有的制度都是在規範作業或行為的路徑以免發生錯誤。

　　但是錯誤還是發生了，自我實現的價值觀被嚴重扭曲，又或者說「制度」完整到富者越富、窮者越窮，大多數人連做夢都不敢，更不用談「自我實現」，因為光是下一餐在哪裡都是問題，即使有個工作，三餐不成問題，但所得追不上物價，一旦有點錢就會莫名其妙的花掉或是被騙，看別人投資都順風順水，自己投資總是認賠殺出，你以為海市蜃樓只出現在沙漠，沒想到在都市到處都有虛幻的假象在吸引你掉入陷阱，為什麼？

　　因為你不是建立「制度」的人，你不是控制賭博機台賠率的人，或者你只是在幫「優勢方」建立「制度」，「優勢方」拿走大部分的紅利，剩餘的部分才能由多數的「弱勢方」去分配，「弱勢方」還會感謝「優勢方」提供機會與「賞識」，不知道如果沒有「弱勢方」則「優勢方」就完全沒有「優勢」，可悲的是在於「弱殺弱」，因為「弱勢方」人太多，是「優勢方」取之不盡的「資源」，俗稱「韭菜」。

　　「弱勢方」能瞭解自己是「韭菜」，但最可悲的地方在於其實「優勢方」並不愛吃「韭菜」。

　　所以「優勢方」可以出書立傳、接受專訪，鼓勵「弱勢方」努力向上，「弱勢方」趨之若鶩，常認為「他可以，我也可以」，「就算成就不及他，能有百分之一也能光宗耀祖」，「弱勢方」得到一個「希望」，不曉得這又是一個「海市蜃

樓」。

成功

心魔怎麼寫得這麼厭世，「成功者」是「弱勢方」的希望與典範啊，而且這一章節要講「制度」，這一小節抬頭寫的「成功」是形容詞，形容一個結果，「制度」是一個設計完成的名詞，是不是很怪啊？

當然很怪啊！「成功」並不在「自我實現」裡面啊！

是不是更迷惑了，「自我實現」就是一種「成功」啊，沒有「成功」怎麼會「實現」？

所以……

成功登上高峰就是「自我實現」，失敗就是「沒有實現」？

成功當上總統就是「自我實現」，失敗就是「沒有實現」？

成功創作藝術就是「自我實現」，失敗就是「沒有實現」？

很難懂？那麼反轉……

作家的書賣的不好，所以他不夠資格當作家？

學者研究冷門知識，沒名氣不算學者，要得獎才是學者？

戀愛總是失敗，沒成功就是不懂愛，結了婚才有資格愛人？

一個得道之人大隱隱於市，他會在意別人的有沒有人發現他嗎？他的得道是來自於別人的肯定嗎？

請注意，「自我實現」是自己對自己的肯定，不需要別人的掌聲或讚美，如果需要別人的肯定才會覺得有價值感、存在

感，那是「制度實現」，不是「自我實現」，「成功」與「失敗」都是附帶效果，並不是結果，而且「成功」所附帶的效果不見得都是正面的，同樣所謂「失敗」的附帶效果也不見得都是負面的。

　　舉例來說，羽球女子單打大熱門戴資穎在2021東京奧運冠軍戰輸給了陳雨菲，無疑是莫大挫敗，雖然銀牌也是殊榮，但部分略懂球賽的人都覺得戴的失誤太多，反倒是不懂羽球的人都覺得戴的表現很好，雖敗猶榮，心魔就用這個例子讓你認識一下什麼叫做「成功變成制度」、「自我實現」與「精采」。

　　我們已經太習慣「追求成功」，為了成功可以放棄自己的「風格」甚至「尊嚴」，因為「成功」被認為是「制度」的「終點」，所以「成功」就完全取代了「制度」，至於遊戲或比賽的過程及內涵就沒有人在乎了。

　　羽球的擊球初速度是所有球類比賽最快的，但也因為羽毛的關係，減速也非常的快，尤其是單打在節奏上就沒有雙打那麼快，所以對手的策略是對的：「盾防」，因為戴的風格是「變拍」與「騙拍」，太早做「啟動」的人就會被騙到，所以對手乾脆主守中心點，不拼邊線球，等戴確定擊球後再來決定以平常機械式練習的「接殺球」或「網前吊球」來應付。

　　若要玩「盾防」，戴更是箇中好手，背後回擊、胯下擊球、反手切殺、飛躍撲接、網前對角、近地判斷……，她能做出男子單打才做得到的動作，所以戴若也用「盾防」，不但失誤會大幅減少，也能磨掉對手的體力。

　　但，這是冠軍戰，是奧運冠軍戰，是「決戰紫禁之巔」，是「華山論劍」不是「華山論盾」，心魔相信戴自己也沒有察覺到，她自己是賭上「尊嚴」在打球，因為膝蓋早已淤血相當嚴重，以前她比賽得分時很少喊出聲，這次她不但要喊出來而

且會喊兩次，這是在釋放疼痛，當人進入這個狀態，其實已經是「自我實現」的「極致」了，要破盾防，只能挑戰邊線，所以有很多球需要由鷹眼來公證，這是冒險，有幸有不幸，有成功有失敗，但卽使失敗，仍積極尋找可以進攻的邊線，所以整個比賽看下來……這是一個人展現意志與精神的奧運，一個人積極的攻擊尋求突破，另一邊保守的防禦等待對方失誤，幸好至少有一個人在「展現自我」，這是一場精采的比賽，最後結果，雙方各取所需，一個「成功」贏得金牌，另一個盡顯球后風範，請接受心魔「蹭禮」一揖。

隔年小戴在泰國公開賽的冠軍戰再戰陳雨菲，這次小戴獲勝，這樣算「成功」嗎？我看到的是陳雨菲也帶了傷，應該是在此之前的優霸盃對戰安洗瑩，陳腳踝受傷而安大腿抽筋，此戰兩人打的是意志，堅持打完最後一分，有誰「失敗」？心魔看到的是兩位超越極限的自我對抗，有人說是「神仙打架」，沒錯啊！超越自我當然是「神」啊！

心魔不是來調侃「成功」，「成功」很好，「成功」是一個里程碑，「成功」之後會有更多的「機會」，這麼辛苦的練習與奮鬥不就是爲了「成功」而來，沒有人會是爲了「失敗」而來，那麼「神」呢？

「神」會在意勝負？如果有那麼一個「神」只關注在「勝利」、「成功」，那麼心魔會上去K他一拳（老阿伯沒練過，小朋友不要學），卽使會被「神」業火化爐、天雷滅魂，心魔也會看不起這個「神」，並不是「成功」不重要或不應該，而是做一個「神」一定會知道「一將功成萬骨枯」的道理，不管是在職場、競技場、戰場……，站在頂端的永遠是鳳毛麟角，很多人也是非常努力，但時也、運也、命也，麥可喬丹如果早個兩百年出生可能也只是個農奴；瘋狂的殺人犯如果生在戰亂

時或許能成為一個將軍；孔子如果出生在現代搞不好也沉迷在手遊或是成為另一個麥可喬丹；賈伯斯（Steven Jobs）如果生在極權專制的國家或許被分配去種蘋果。

「既生瑜，何生亮」，如果周瑜都有這樣的感慨，那麼云云眾生豈不都只是芻狗，連配角或龍套都不是。

這太荒唐了，從「我」的角度來看，某個區域最後只有一個領導人，某個競賽最後只有一位勝利者，但絕大部分的「我」絕對不是來做「陪襯」的，沒有人是出生來做「成功」的「陪襯」，更沒有人來到這個世界的目的是為了巴望著眼前的「紅蘿蔔」，不跑還會被抽「鞭子」，「紅蘿蔔」跟「鞭子」就是「制度」，你很清楚，你不是為了「紅蘿蔔」而生，更不是為了「鞭子」而活，所以應該是「成功」來找你，而不是你去追逐「成功」，只要你是準備好的，只要你是全力付出的，就算「成功」不來找你，「自我實現」也會來找你，還有「覺悟」、「心得」、「真心」、「無憾」、「痛快」、「機會」……，請你相信……

大部分所謂「成功」的人都會變成另一個樣子，變到連自己都不認得，因為吸引你的其實不是**「成功」**兩個字，而是**「成功」之後的「利益」**，請你記得……

真正愛你的人並不會要求你要「成功」，而是希望你能「快樂」並「找到自我、實現自我」，找到自己的「靈魂」（精神）絕對比別人的讚美及獎牌或頭銜來得重要，因為「成功」是別人的眼光，「靈魂」（精神）是自我的「格調」，是自我的「型」，是對自我的肯定。

對自我肯定，就是「我」的肯定。

升遷

不否認吧！看起來合理又不合理的「制度」就是「升遷」。

新進員工覺得升遷制度是合理的，過了幾年後就覺得這個制度不合理，因為都沒有升到我，可是資方乃至主管都會認為制度是合理的，資方很清楚，打從一開始他們訂定的升遷制度就是不合理的，只要員工接受，這制度就變合理了。

新進員工又怎麼可能不接受，這麼多前輩都接受了，生活壓力也逼得你必須接受，而你也會覺得總是有我升遷的一天，因為我願意付出努力……

每個「我」都是這麼的努力，但是每個階段的「位置」就只有一個，你覺得自己的努力與付出是值得這個「位置」，但是一次又一次的「開獎」是一次又一次的失望，所以你開始覺得這個升遷制度不合理，以致你會有以下的猜想：「對方是國王的人馬」、「我是正直的，沒有辦法像別人一樣逢迎拍馬」、「他們一定有利益交換」、「我的功勞被搶了」、「我一定是被背後中傷」、「果然，沒人注意到我的付出」……

而你也會聽到長官的安慰是：「我也推薦了你，但是老闆認為……」、「某某做了什麼案子，對公司帶來績效」、「某某人隨傳隨到，經常加班，配合度高」、「某某人很久沒升遷了」、「他的學、經歷比你高一點」、「加油，下一個就你了」……

以上這些「苦水」大概有九成的職場人經歷過，或許你有更精采的「苦水」，那麼你都沒有懷疑到底是哪裡不合理嗎？

做的事情都一樣，怎麼能以學、經歷來判斷？不合理。

主管偏聽偏心，不關心我的付出與犧牲？不合理。

就因為得罪上層就被打入冷宮不論績效？不合理。

第十三章
秩序依歸＿制度

我生病常請假也是被壓力逼出來的，因此落選不合理。

生小孩坐月子就要考績墊底？都快沒新生兒了，不合理。

我都得職業病了，沒功勞也有苦勞，沒升遷不合理。

公司政策錯誤使我的績效泡湯，因此不升我？不合理。

_____，不合理。

只要你認為不合理，那麼一定不合理；如果別人認為合理，那麼也一定合理，你的不合理是別人的合理，就像不必然的偶然，只要實現，就是必然。

真正不合理的是你竟然會去期待一個由別人制定遊戲規則、由別人主觀評分、由別人決定命運、由別人假意安撫⋯⋯

拜託不要把「我」做Low了，在「我」的世界裡，「我」只在乎「我」的收穫，「我」成長了嗎？「我」學到了嗎？「我」突破了嗎？「我」表現了嗎？

「職場」是很好的「修羅道場」，科長、主任、經理、協理⋯⋯都只是誘惑你為公司付出的「誘餌」，就算你不為這個「名」，你也是為了這個「名」後面衍生出來的「利」。

心魔不是要你捨「名」棄「利」，不要誤會，登上更高職位也代表你會有更高的責任與更高的挑戰，這是好事，只是你不該把這個「餌」當成沾沾自喜的美食，更不要因為得不到這個「餌」而怨憤不平，你的人生要實現的是「自我」，絕對不是「頭銜」。

當然，如果你有發現制度不公或有人循私做假，去挑戰它是應該的，如果沒有的話，放下「頭銜」桎梏，無處不美景。

未登頂峰瞰曠野，總見幽谷翩彩蝶，此山戲我不識路，笑將春花獻泥鞋。

一夫一妻

　　心魔一定要挑戰這個話題嗎？「一夫一妻」又礙著心魔了嗎？別這樣，我是心魔嘛！我就不信你沒有想過「一夫多妻」或「一妻多夫」或「共夫共妻」，很有趣的話題啊！

　　前面在「世俗」的章節已經說過了「婚姻」，這裡要從「數量」的異想來衝擊一下你所認為理所當然的「一夫一妻」。

　　從「財富能力」的觀點來看，一個男人有能力供養三妻四妾，則代表他可以多讓六個女子得到物質上的滿足，或者說讓更多人可以脫離貧窮，大家各取所需沒有什麼不對，而且有錢人的財富會快速拆分在眾多小孩身上，所以才有「富不過三代」的說法，支持「財富能力」觀點的人應該也能接受一個有錢女人供養多個男子了吧！

　　從「性別比例」的觀點來看，在自然人口成長的地區，男女比例接近一比一，所以「一夫一妻」是「平衡與公平的正義」。但如果是在戰亂的國家，通常是女性會多於男性，這個時候如果還是施行「一夫一妻制」，會有很多單身女性注定孤單無伴（除非女性人口出口，或接受同性婚姻），這不是自然的平衡，所以「一夫多妻」自然可以成為合理的平衡，只是在戰亂的國家，這些「妻」大多成為「補充人口」的生育機器，再加上「量大值低」，這樣的女性通常社會地位不高，權益相對男性為低，雖然明明同樣是一個「生靈」，同樣是「唯一真神」。

　　從「生理功能」的觀點來看，男性交配結束就必須一段時間的休息，尤其是當男性年紀增長後，性交次數逐年遞減，對於有需求的女性，只有一位伴侶確實無法滿足女性需求，特別是現代忙碌社會男性經常加班、出差、輪班，女性的空虛感

第十三章
秩序依歸＿制度

會更加嚴重，人總是有「被需要」的需求，從這個觀點來看，「一妻多夫」倒也合理，心魔只是好奇，當一個「神」還能當到「空虛」也真是難以想像，應該是還沒有覺悟自己是「神」吧。

從「性權自主」的觀點來看，「天賦人權」應該也包含「性自主權」，而且「兩情相悅」需要顧慮彼此身分嗎？多一個人來愛不好嗎？有更多人愛我不好嗎？所以「幾夫幾妻」、「多夫多妻」、「共夫共妻」不好嗎？建立真正的「大家庭」共同照顧不好嗎？

很好，沒有不好，只是當你倡議「性權自主」的時候，這是回歸自然……動物的本性、人類的本性，放棄了「神性」，還記得「神的四本柱」裡的第四柱「愛」嗎？你因為「愛」與A結合，過一陣子又因為「愛」跟B結合，A跟B都愛你不好嗎？那麼為什麼不敢跟A說呢？讓A跟B都加入組成一個「一夫二妻」或「一妻二夫」的家庭，這是「愛」還是「貪心」？還是「慾望」？對其他人公平嗎？他們是真心為了你接受對方？還是委曲求全？「神」的「博愛」是單向不求回報的，不是這種付出打折的愛卻想得到兩份（或多份）完整的愛，這不是「博愛」也不是「多情」更不是「風流」，說穿了就是利用自身優勢迫使他人接受的「傲慢」罷了，這種「傲慢」不要說「神」會討厭，心魔都討厭。

回到「一夫一妻」這個制度，「一夫一妻」確實是目前在婚姻中較為平衡與公平的制度，尤其女性意識甦醒，拒絕再成為男性的附屬品或是花瓶，受教權、參政權、工作權都應該與男性相同，女性並不是男人的一根肋骨，女性也有「我」的意識，有「我」的意識就是「唯一真神」。

只是結合的原因是什麼？是因為「愛」而結合還是因為

「性」而結合？還是只是爲了結合而結合？爲了找個「依靠」而結合？爲了給家人一個交代而結合？爲了「面子」而結合？爲了「負責任」而結合？爲了「實驗」？爲了「報恩」？爲了「還債」？

　　「夫」與「妻」兩個字本身就是「制度」，就像各種比賽場地上的線，規範著你的行爲，越線是犯規，越線就失分，古人也在這兩個字上加諸「身分」上的壓力，例如家計重擔、功成名就，例如三從四德、相夫教子，在現代這些「線」也逐漸被重新定義，女性也能負擔家計，男性也能持家教子，看似突破性別界線，但實際上「夫」與「妻」仍然承受著「職務」上的「權利」與「義務」的枷鎖，這也是雙方在結合後開始痛苦的原因，因爲有了新的「身分」代表有了新的「責任」，在公司承擔責任是有薪水的，在家裡承擔責任代表著金錢、勞務與精神的付出，婚前不以爲意甚至覺得可愛的缺點在婚後漸漸變成可數落的茶資，所有生活上瑣碎的磨擦就像車上的刮痕只會越來越多，車子可以美容打腊，愛情也可以，不過心魔不是來教打腊的，心魔要說的是「家庭」是比「職場」難度更高的試練場，在公司還有薪水和成就感，在家裡洗碗、擦地、洗衣服……會讓你累到或無聊到懷疑人生、懷疑婚姻，再加上現代離婚率高，所以很多年輕人的「覺悟」就是乾脆單身，發展自己的興趣，愛怎麼跟人連結就怎麼跟人連結，今朝有酒今朝醉，不連結宅在自己的世界也很快樂，大家恐懼的不是婚姻，而是「夫妻」的「責任」。

　　心魔對此覺得很可惜，當然「愛」不一定限於白頭偕老之愛，愛父母、愛朋友、愛自然也都行，只是，虛擬世界的魔王你努力不懈地挑戰，現實世界的魔王關卡你卻是避而遠之，難度高有難度高的樂趣跟成就感，不用害怕結婚，你一定可以從

你的伴侶身上證得非常多的「覺悟」，有很多人間至美的「圓滿」的「材料」，唯「愛」能覓得，這才是「一夫一妻」的真諦。

死刑

讓心魔也來挑戰一下這個最辛辣又爭議的話題，這個制度看似合理卻也隱含著極大的矛盾。

當某人剝奪了別人的生命，也同時抹煞了別人的「神權」，致他人死前只有恐懼，無法安證圓滿，殺人償命，自古如此⋯⋯

刀（槍）下留人，心魔不是廢死支持者，而是「神」仍應給予重刑犯者一個覺悟的機會。

重犯者、暴力累犯者，如拐賣人口、隨機殺人、惡意殺人、酒駕致死累犯、超速駕駛致死累犯、暴力傷害累犯、性侵傷害累犯⋯⋯等，由於這些人無視律法之共識，亦無尊重他人「神權」之觀念，更重要的是其實他們控制不了「自我」。死刑犯在行刑前還可以讀佛書或唸聖經，這個時候的「覺悟」已經不是「覺悟」了，因為他們並沒有給受害者有「覺悟」的機會，政府的死刑執行不過是在幫這些「棄神者」送行轉生。

那麼要如何讓「棄神者」真正獲得「覺悟」？其實抹煞他人「神權」者，是因為他們失去了「我」，是「最原始的我」，找回「最原始的我」是我們能夠幫他們做的事。

還記得｛我｝嗎？第一個原生的「我」，沒有物資、沒有朋友，每天睜開眼想的只有今天如何生存下來，能夠活下來是多麼感恩的一件事，那是「神」的恩典，只有靠著「餓其體膚、空乏其身」的修行，與世隔離如達摩的修行，才能讓他們找到原生的「我」，細節不在此述，心魔希望大家能給這些重

刑犯者一個找回自我的機會。

【第61道檢視】

從古代的封建制度、神權政治、君主專政……到現代的民主政治制度，是否代表人類「自我意識」的覺醒？

A. 是的，是知識普及讓人類不再以官方說法爲唯一訊息來源，人類有更多「自我價值」的思考與審視；

B. 是的，網路發達實現足不出戶也能知天下事並且與衆人溝通連繫，民智民權大開，君權神授已轉成君權民授，「人」取代了所謂「神」的地位。

C. 不見得，精神洗腦的情況仍爲常見，打著「人民至上」的口號包裝自己的政治私心，壟斷媒體新聞內容、監管社群網路言論、強制教育思想學習，如此人民如何覺醒「自我」；

D. 很難，人類崇拜偶像、明星、英雄、領袖，而大部分的偶像都是被塑造出來的，投射人類對於「希望」的渴望，但其實「希望」一直是在自己身上，盲目崇拜反而使人「失去自我」；

E. 其他＿＿＿＿＿＿＿＿＿＿＿＿＿＿＿＿＿＿＿＿＿。

第一次檢視選擇	第二次檢視選擇	第三次檢視選擇

【第62道檢視】

在天堂裡有「制度」嗎？要排隊嗎？有升遷嗎？

A. 就沒有天堂哪來的制度；

B. 如果人間即天堂，那麼天堂就有「制度」；

C. 天堂裡無拘無束、自由自在，所以沒有束縛的「制度」；

D. 不管什麼地方只要有利益就會有「制度」；

E. 「制度」是一個模組，是一種框架，可以是「獨裁決」、「精英決」或是「共識決」，不管哪一種「決」，能「自決」（Self-determination）的地方就是天堂；

F. 其他＿＿＿＿＿＿＿＿＿＿＿＿＿＿＿＿＿＿＿＿＿＿。

第一次檢視選擇	第二次檢視選擇	第三次檢視選擇

【第63道檢視】

「投票」的精神是少數人服從多數人，但這代表少數人是被迫接受共同決議，這樣的「制度」是好的嗎？

A. 沒有對所有人都好的決策，「多數決」是符合大眾利益的最佳決定；

B. 當然不好，「投票」不僅決定了自己的命運，也決定了別人的命運，犧牲少數人權益去成全多數人的利益，這不也是一種「多數暴力」，一種「集體勒索」；

C. 「制度」沒有好與不好，「投票」也是一種實驗，不同的背景參數與時空差異都會造成「投票」結果的差異，不好的地方在於影響投票意志的「恐嚇」、「利誘」、「造假」及至於「賣票」，這會影響實驗的真實數據；

D. 或許「獨裁決」或「精英決」可以從制高點、世界觀來決定政策以符合國家利益，但是在教育普及、訊息開放的國家，讓全民參與國家政策才是對人民自覺的信任；

E. 「投票」只是選擇的一種方式，不存在所謂「服從」或「尊重」的結果評論，「神」有自己的中心思想與神聖理念，是這種理想創造世界的美好，成全自我的實現，從思考到選擇

到投下手中的票那一刻，結果不由「我」來承擔，「我」只要確定經過思考的意志有實踐即可；

F. 其他＿＿＿＿＿＿＿＿＿＿＿＿＿＿＿＿＿＿＿＿＿＿。

第一次檢視選擇	第二次檢視選擇	第三次檢視選擇

【第64道檢視】

「制度」是為了規範秩序，但是如果「制度」本身有問題或是不合時代潮流該如何看待？

A. 有權力的人應該去修改制度，讓它更符合人民需求；

B. 沒有權力的人就等有權力的人去修改，在此之前順從就好；

C. 所有的問題應該都要有公平討論的機會，官方拒絕公開討論就有心虛的嫌疑，既得利益者會保守的選擇反對改革，這是「人」的本性；

D. 「神」會審視「制度」，並且以實踐作為檢驗真理的標準，「神」無法漠視不合理、不公平的「制度迫害」，所以「神」會挑戰扭曲或不合時宜的「制度」；

E. 其他＿＿＿＿＿＿＿＿＿＿＿＿＿＿＿＿＿＿＿＿＿＿。

第一次檢視選擇	第二次檢視選擇	第三次檢視選擇

【第65道檢視】

我們的生活周遭全都跟「制度」有關，交通號誌、交易制度、上下班打卡……，我們不可能不理會這些制度例如拿走商品不付錢，就算當「神」也是要付錢，違法一樣要接受法律制裁，我們不可能自外於「制度」，但要如何不受「制度」約束？

第十三章
秩序依歸＿制度

A. 「制度」是約定共同的行為準則，相對是一種保護，所以不算是約束，例如共同遵守交通規則可減少車禍發生；

B. 「制度」只約束守規則的人，對於「無理性」、「不服從」「不遵守」乃至「玩法」的人，「制度」是傻瓜才在遵守的；

C. 當「神」還要排隊和付錢，這麼弱的「神」不當也罷；

D. 「神」所依循的不是「制度」而是「合理的集體共識」，插隊會影響別人的權益，逆向行駛可能傷害他人，上班不打卡是你自己的事⋯⋯，「神」尊重「合理的集體共識」，並重新理解與組織制度的秩序成為自我悠遊的制度；

E. 其他＿＿＿＿＿＿＿＿＿＿＿＿＿＿＿＿＿＿＿＿＿＿＿。

第一次檢視選擇	第二次檢視選擇	第三次檢視選擇

你終究是神，
因為你是我的永生

你有聽過「世風日下，人心不古」嗎？有趣的是每個還沉浸在舊世代的人看新世代都會有這樣的感慨，更有趣的是「人心」應該要「古」嗎？當然這個「古」是指「古人的世道風德」，所以男子應該要君君臣臣、父父子子？女子應該要女紅刺繡、三從四德？

我們也常聽到一個名詞叫做「道德綁架」，例如：做一個老師怎麼可以涉足聲色場所？已婚的女人怎麼不顧家庭老往外跑？某區淹水嚴重某某明星你捐多少？

你的「道德」是被檢視的，就算躺半在家什麼都不做，也會被質疑「沒有生產力」、「懶惰」、「米蟲」……，所以很多人是活在別人的眼光中，「道德」本身已經變成一種壓力，尤其讀過聖賢書，大家會認為你應該要知書達禮，要回饋社會。

但是大家都知道，現在這個世界就是讀書人在欺騙這些勞力付出的農夫、勞工，所以才有「仗義每多屠狗輩，負心多是讀書人」的古話，現實的說法是：「知識力成為強勢者壓迫弱勢者的工具」，那麼，「讀聖賢書所為何事」？

哦！心魔忘了，讀法律、醫學、電機……等才能賺大錢，學聖賢裝清高談高調只能兩袖清風，除非你只是裝個樣子想從政。古聖先賢還真的是跟不上時代，如此也不能怪「世風日下」，這個「風」隨著時代不斷在演變，如果家中老小都吃不

起飯，又要怎麼奢言「道德」？

哦！那爲什麼談「道德」？心魔並不是「道德推廣協會」或是「道德倡議者」，而是現在的「道德」實在是太「假」了，可能是大家的「演技」越來越好了吧！

道德

原始目的：建立善的連結與循環。

主要功能：個人本性與基礎價值觀的社會行爲。

偏離現象：道德被鄉愿化、狹隘化、虛僞化和表演化。

要談「道德」總是有點彆扭，這個每個人都有的本性，而通常是要在事件觸發後才會有「道德」現象的產生，心魔的「道德」不會比閣下來得好，要談「道德」真是班門弄斧，但是現在的「道德」真的是被扭曲的滿嚴重的，這個斧不弄也不行了。

以下內容希望閣下能先暫時放下個人的角色與立場，我們回歸到「本質」或「本性」來研究，在這一章節心魔會附庸一下「虛僞」和「表演」，閣下切莫見怪，就請「您」欣賞一段「噁心」的「道德」表演。

孝順

既然是「百善孝爲先」，「道德」又是以建立「善」的連結與循環爲目的，那麼就先從「孝順」來說起好了。

「孝順」有太多噁心的地方可以吐嘈，就讓心魔開門見山的劈下去，你覺得「孝順」是要推廣的？是要教育的？是要宏

揚的？「孝順」的目的是希望以後你的子女也「孝順」你嗎？臥草！不是吧！那表示「孝順」不是「天性」，是要後天培養的嗎？而且這是一種「交易」？「養兒防老」？

父母是讓人實現「永生」最主要的連結，「我」要出現還得靠「我」父母的生養，生與養是可以分開來看，有人從小就被生父生母棄養，不管什麼原因棄養，在棄養的那一刻，這個連結是可以視為結束，當然可以不記「孝順」之必要。那麼不管親生或非親生的養育之恩是否應回報予「孝順」？

那就來到第二個吐嘈點，「孝順」是「報恩」？「孝順」是做子女應盡的「義務」？臥臥草！所以父母與子女是雇主與雇員的職務關係囉？還是君臣關係？

其實歐美國家他們並不強調「孝順」，他們強調的是「愛」，「孝順」存在著責任與義務的壓力，不「孝順」就會成為在「道德」失格的譴責；而「愛」是「不求回報」的付出，事實上大部分的父母對於子女的付出都是不求回報的，因為「愛」是與生俱來的「天性」，都說是四本柱之一，一出生就有的「標配」，只是我們被灌輸「孝順」的觀念，自然會認為「孝順」是一種「義務」也是「責任」。

您會要求或期待您的小孩「孝順」您嗎？您的付出是為了得到「孝順」的回報嗎？小心落入「求功德實無功德」的公式，如果您的小孩知道您的付出只是為了未來有人養老而不是真心愛他，那麼您說他的心裡會怎麼想，枉費您曾經為了他的笑容而真愛滿溢。

那麼為什麼我們會被灌輸「孝順」的觀念？第三個真正噁心的吐嘈點來了，兩個主要原因，一是「國家」需要您的「大孝」，也就是「忠」，您現在所擁有的都是國家保護您、國家栽培您，所以您要「回報」國家，對國家不忠的道德罪惡會比

對父母不孝更加罪孽深重；二是掌握「道德」的制高點和話語權以彰顯這個國家或宗教或組織團體的正面形象，美化這個國家或宗教或組織團體存在的正當性，因爲當他們講起「孝順」時，您完全無法抵抗和反駁，您只會覺得這個組織是偉大光明的……

加碼吐槽番外篇，聽過二十四孝吧！臥冰求鯉、恣蚊飽血……，您都不懷疑嗎？爲什麼不拿根棍子敲洞釣魚？把身子凍壞了是父母樂見的嗎？把蚊子餵飽蚊子就不會去叮父母？哪裡的蚊子這麼善良？萬一得了瘧疾、日本腦炎、登革熱是要讓誰來照顧你父母？你不覺得這些故事主角都是名士官吏，爲什麼都出現這麼跨張的「孝順」？還有大象會幫忙耕田，也有仙女幫忙織布，用「孝順」來造神、博名聲？還是下屬逢迎拍馬編故事？或是家人杜撰推仕途？還是愚民不騙白不騙？

有沒有覺得被詐騙洗腦好久好久？政府不但不禁還配合推廣，這些文人雅士教育家是笨還是壞？還是不得已的鄉愿？因爲「孝順」是「道德」裡面不可撼動的定海神針？

可是如果「孝順」是演出來的、是被逼出來的，它的功能變成了沽名釣譽，那麼它還算是「道德」嗎？

不用太沮喪，心魔不是來倡導不忠不孝的，心魔也相信閣下是孝順的，因爲您本性有「愛」，東方人只是對「愛」太含蓄，所以子女對父母的「愛」以「孝順」作形容，只是「孝順」總是一種「下對上的責任」形象，在親子之間劃下一道界線而產生疏離感，這種「愛」明明是最純淨無暇的連繫，在現代卻成爲爲人子女的壓力，尤其少子化影響，年輕人既要撫養小孩（或者不敢生）又要照顧年邁雙親，不論是財力或精神都有著巨大的壓迫感，這也更突顯閣下在「孝順」的實踐上更勝古人，沒有大象幫您耕田，也沒有仙女下凡幫您織布賺錢，您

的孝順是實打實的「真愛」，沒有加油添醋，沒有沽名釣譽，只要……他們還在的話……

再跟你說一個祕密，你知道「愛」與「孝順」的差別嗎？

「孝順」只能在他們還在的時候；「愛」是一輩子。

承諾

珍貴啊！稀有啊！現在還有人會信守承諾嗎？

白紙黑字都可以毀約，口頭的承諾還有誰會認真？

「愛你一萬年」？可能嗎？活不過百還想萬年。

「承諾」是人類非常奇葩的信任默契，相信「一諾千金」，相信「君子重然諾」，所以我們對於看起來像是「君子」的人總是給予更多的信任感，但事實上會把「承諾」當一回事的人，跟學歷、財富、外表、階級……所有的條件都沒有關係，相反的，反而是有條件優勢的人容易取得別人的信任，容易取得的通常都不大珍惜，因為彼此對於「承諾」的「容錯率」並不一樣，條件劣勢者一旦承諾，所付出的是他的大部分甚至是全部，搞不好還有跟親友借的，但條件優勢者做出的承諾，所付出的可能僅是他的一小部分，甚至不用付出，直接利用這些信任者的「老實」，把資源拿去投資、做槓桿、去揮霍，反正九成以上的人都是「老實人」，我不把他們「收割」，他們也是會被別人「收割」。

人很壞是吧！尤其是有外貌優勢的人，更尤其是有錢有權的優勢者，人生對他們來說就是一座遊樂場（其實對任何人都是），你跟他們談「承諾」，他們應該會把你當外星人或是古人。追根究底也不能說這些條件優勢者「壞」，他們能選擇的標的太多了，沒道理不挑他們認為最好最匹配的，不像條件劣勢者能選擇的標的少或是沒得選擇。

這裡心魔要插播一下，條件優勢或劣勢並不代表這是永遠的，有優勢也會有揮霍完的一天，能利用劣勢創造自己的特色與藍海，這才是「我」要看到的價值。

講到「價值」，你的「承諾執行率」就決定了你的「價值」，就像是使用「信用卡」，銀行當然喜歡按時繳納帳單的卡友，但是銀行更喜歡高消費、高度使用循環利息、不拖欠卡款的客戶，因為這種客戶有能力消費，有能力支付利息，也有能力全額繳清，這種客戶在銀行眼中就是最有價值的「會員」。

所以你的「承諾執行率」有多少？你有計算過嗎？你敢承諾嗎？還是你總是害怕、做不到，所以不敢給人承諾？

回想一下，你是不是對老師的「承諾執行率」比對媽媽的還要高？是不是對老闆的「承諾執行率」比對家人的還高？是不是對新歡的「承諾執行率」比對舊愛的還高？

再回想一下，你給出承諾的目的是什麼？應付？賺錢？追求？義氣？安慰？求生？詐騙？＿＿＿＿＿＿＿＿。

是你主動的還是被動的？是有所求還是無所求？是理智的還是衝動的？是認真的還是開玩笑？是要負責的或不用負責？

怎麼只是一個「承諾」需要這麼複雜想這麼多嗎？很多「承諾」是當下就要決定，哪有時間去想這麼多的問號。

不好意思，就是這麼複雜，你隨口無心的一句話，在別人心中可能是魂縈夢繫的希望。

而且你的大腦運算能力很強，你很清楚是認真或玩笑，你很清楚是真實或虛假，你更清楚這個「承諾」是不是真的是你的需要？有沒有意義？會不會傷人？只要你有「中心思想」，所有的疑問都會立刻得到答案或是方向。

例如：你承諾你的小孩考試前三名就送他新手機或新玩

具，這是你的中心思想嗎？心魔相信絕對不是，你想的是希望小孩能考個好成績，上個好大學，有個好工作，組個幸福家庭。

所以你比較像是在做「交易」，表面上看起來是「鼓勵」，其實你自己也知道這樣不對：

1. 你本意是為他好，但小孩感受不到，反而會認為讀書是一門「生意」。

2. 你有陪著他一起學習嗎？他會不會覺得只會用錢解決事情的大人其實只是在敷衍？

3. 「同學不用考前三名也能得到想要的東西，為什麼我要辛苦讀書才能獲得」，這樣的想法扭曲了讀書的意義了。

4. 每次考試給承諾獎勵嗎？沒有獎勵後他還有努力的動力嗎？所以讀書的動力是來自於獎品而不是因為獲得知識的樂趣和思想狂奔的自由？

5. 會考試才會有成就嗎？鼓勵小孩成為考試機器是對的嗎？（後略，放到「教育」再來講）

6. 萬一結果成績不好，第四名？第十名？退步？不是讓他更挫折？挫折不是因為考不好，而是來自他難過於自己的能力滿足不了你的期望。（先去抱一下他吧！讓他知道你愛他。）

明明是一番好意，卻沒想到後果這麼嚴重吧！複不複雜？要不要仔細思考？要不要建立「中心思想」？情愛上的「承諾」可是比上面再複雜十倍，「中心思想」得要更強才能完成「承諾」，除非你給的不是「承諾」而只是「戲言」。那麼「中心思想」是什麼？不要再問了，自己動動腦，不要執著在

第十四章
本性依歸＿道德

「靜態名詞」，「思想」就是要「想」，動起來就對了。

「愛你一萬年」可不是一句名詞，相處個一年就受不了了還想一萬年，沒有現在的愛又怎麼奢望一萬年，沒有愛的一萬年是無期徒刑吧！把同樣的「承諾情話」對不同的人講，這就不是「承諾」了，這是「詐騙慣犯」了吧！噁心吧！

賣淫

（未滿十八歲請先跳過這一段，等滿十八歲再來看）

其實這一節的題目本來是「貞節」，「貞節」也包含「貞操」、「忠貞」與「志節」這類「道德」，是說「忠貞」與「志節」比較偏向對國家或君主或老闆這類服從的「德性」，心魔沒有這種「德行」，自然也就沒有說服力，那就不要自曝其短，乾脆講一個非常具有爭議性的話題—「賣淫」。

「賣淫」這兩個字放在一起本身就具有爭議，還是只有心魔發現這個說法有問題？

教育部國語辭典是這麼解釋「賣淫」：「男女間不正常的性關係」，相信你也看出這種說法有問題。

如果「賣」字作「賣弄」解，那麼說明裡可以不帶「交易」的字眼，但如果只是「賣弄」就談不上「性關係」，更談不上正不正常。

現今通俗的成見認為「賣淫」是女方提供「性服務」的一種交易，既是「交易」就代表是雙方同意並接受的「需求兌換」，如果是「市場供需」，又何有「淫」之說法？更不會有「不正常」的說法，自有人類以來就有這種「奴役」或「交易」。如果「淫」可以賣，代表「淫」是一種「商品」或「服務」，既然「商品」或「服務」這個項目成立，又何必用這種字眼來醜化以此維生的女性，如果是被迫的那不更無辜。所以

你終究是神，
因為你是我的永生

現在也出現比較中性的名稱：「性工作者」，至於「手天使」那實在太過美化了。

　　「淫」應該是逾越本分、跨越界線，具有侵犯意圖的貪欲，例如侵犯染指他人妻女，或以色誘使非夫妻關係之人沉迷於性慾，這種「淫」沒有交易，才是真正「男女間不正常的性關係」，真正「道德屏蔽」，淫慾壓制道德，道德棄守。沒辦法！人類還沒能力跳脫「欲望」的奴役，不願面對「表相的無常」，雖然「宅男」和「躺平族」的「欲望」很低，「和尚」及「僧侶」的「欲望」更低，但那是在無奈後消極的逃避，「逃避欲望」跟「欲無所住」是兩碼事，欲望的誘惑隨時都會出現，但不會留住於心，因為你清楚自己的中心思想，自然就不會被逾越分際的誘惑吸引或跨越界線去傷害別人，試試看，感受一下「神」對誘惑是如何「無所住」，以及對「精神」與「思想」及「所愛」如何「生其心」，這是「我」的樂趣，分享給你。

　　突然「端」了起來，我們「賣淫」還沒講完吶，哦！之後都不叫「賣淫」，改為「性工作」、「性工作者」。

　　「性工作者」之所以會被投以異樣眼光，政府要負絕對的責任，只取締不管理這種做法太不負責任了，要成立「性專區」又因為選票而鄉愿了起來。

　　首先，成立「性專區」是「尊重」並「制度化」，「制度化」後才方便「管理」，「管理」包括區域規劃、營業申請、人員造冊、出入管理、定期健檢、管理規費……等，化暗為明後，對於專區外違規事項則落實律法刑責管理，不要再包庇私縱。

　　說歸說，整個國家與社會終究還是選擇鄉愿，土地是用來炒的，沒有人願意接受「嫌惡」建設與行業在自家附近，這絕

第十四章
本性依歸＿道德

對正常，但從「神」的角度來看，所有存在的物質都有其意義與價值，廢棄寶特瓶可以做透氣排汗的運動衫，你排出的二氧化碳可以回收做乾冰、汽水、醋酸（非食用），甚至做碳權交易，價值是可以透過「創造」來產生，也可以透過「提煉」來展現，「提煉」就是層層控管、層層把關，除了創造產品，也發展「產業鏈」，創造就業機會，更可以拓展為觀光產業與人權信仰形象，政府不做是因為鄉愿？因為沒有能力？因為沒有信心？還是其實就是沒有「政治道德」，放任非法工作繼續在地底下流竄，忽視性病、愛滋病在黑暗中漫延。當你看到八十多歲的長者到「茶室」尋找「春天」就該知道「性產業」也是一種「剛性需求」，這已經不是單純的「生理需求」了，如果政府睜支眼閉支眼、得過且過不作為，只會突擊開單告發，這樣有「道德」嗎？

心魔這麼支持「性產業合法化」會不會造成更多怨偶？造成更多的社會問題？

說實話，不知道。

心魔只知道目前台灣無性產業專區管理，我們的離婚率仍持續增加，性暴力犯罪不但沒減少，反而從社區走進家庭，大部分的人為顧及社會地位或社交顏面選擇隱忍，紳士淑媛、家族名望的光環成為不敢對抗暴力的高牆。

如果你的另一半會因為他去性消費而忽略你、嫌惡你，那麼分離也是剛好而已，需要留戀嗎？

你更應該擔心的是他以不消費的方式而用以前吸引你的手法去吸引別人，那才是真的嚴重的事。

心魔也要解釋一下，並不是支持「性產業專區管理」，心魔支持的是「禁止的事從來都得不到真理」（會迷失「神性」的事例外，如外遇、吸毒、酗酒和賭博）。

還有不要以爲科技高了、文化高了就自以爲「道德」也高了，這是「道德傲慢」，心魔會認爲……又一個噁心！

【第66道檢視】

地震、山洪、颱風、暴雪……，很多人壯志未酬就先被天地終結，天地對人類都不講道德了，人類爲什麼要講道德？

A. 講道德只是爲了讓自己看起來很高尚，所以道德本身就是一種表演藝術，跟天地無關；

B. 所以天地不仁、聖人不仁，不仁不是不仁慈，而是守一無偏私，對萬物態度一致即爲正道，不以私心偏仁即爲正德；

C. 是爲了正向循環，要不然你半夜在他家門口唱歌，他把垃圾丟在我家門口，我把你的輪胎洩氣，我們就把生命浪費在無謂的爭吵；

D. 天地不爲人類而存在，天地只爲「我」而存在，道德是爲了讓所有的「我」能和諧的共存共榮；

E. 其他＿＿＿＿＿＿＿＿＿＿＿＿＿＿＿＿＿＿＿＿。

第一次檢視選擇	第二次檢視選擇	第三次檢視選擇

【第67道檢視】

「財力」似乎成爲「承諾」的信心指標，以「結婚」爲例，男方若沒房、沒車、沒高薪、沒存款，就不能輕易給出承諾？

A. 不，有「顏值」一樣可以給承諾；

B. 是，「貧賤夫妻百世哀」，要有財力才能給予女方安心，行有餘力還能給更多的人「承諾」，所以有錢人有更多的「道德」；

第十四章
本性依歸＿道德

C. 事實上大部分的女生都沒有要求那麼多，是男生給自己太多自尋煩惱的壓力，給自己藉口逃避「承諾」；

D. 如果只依靠單方面的「承諾」來維持婚姻很難不出現嫌隙，在愛情的路上過於「被動」容易產生「這不是我想要的」、「這是我的人生嗎？」之類的想法，這跟金錢無關；

E. 有承諾才會有目標，有目標才會有思考，有思考才有人生方向，有人生方向才會建構中心思想，「承諾」對一個有信用的人來說是一種「動力」，這個「動力」能創造所有的「可能」；

F. 其他＿＿＿＿＿＿＿＿＿＿＿＿＿＿＿＿＿＿＿＿＿。

第一次檢視選擇	第二次檢視選擇	第三次檢視選擇

【第68道檢視】

以古代的「指腹為婚」為例，雙方家長達成的「共識」算是「承諾」嗎？

A. 是，父母之命不可違之，雙方家長交換信物後即為承諾，子女便需遵守；

B. 若涉及當事人權益，則當事人無須奉行，當事人有「配偶選擇權」，一生大事不應任人決定，雙方家長彼此歡喜，自己嫁娶便是，不應以兒女之幸福作為賭注；

C. 三十年前的「共識」真的有達成「共識」嗎？還是一廂情願？有白紙黑字的契約或信物嗎？是私相授受嗎？十年河東十年河西，「共識」早已不是當年的「共」識，自己的承諾卻要別人遵守，不是威權就是故步自封，要不然就是這家長還沉溺在權力的幻想；

D. 古人字據紙張保存不易，故多以協商共識或口頭承諾，在現代「共識」是否等同彼此的「承諾」已經不重要，因為重大決定都會有記錄作為軌跡，重要的是「共識」是「共同的意識」，若有人權益被出賣，「共識」便無法成立，更談不上「承諾」；

E. 其他_____。

第一次檢視選擇	第二次檢視選擇	第三次檢視選擇

【第69道檢視】

「忠」為「八德」之首，夫妻忠於家庭、員工忠於企業、軍人忠於國家，但如果所「忠」的對象是錯的呢？

A. 夫妻一方外遇，另一人就要忠於家庭忍氣吞聲；

B. 產品偷工減料，工廠偷排污染，企業逃稅侵權，員工應該本著「職業道德」保密，以維護公司聲譽；

C. 領導人打著「解放」的口號要攻打其他自主自決的國家，其軍人應該忽視領導人「侵略」的意圖為國盡忠；

D. 錯誤的「忠」是助惡為虐，而且「神」忠於「自由」與「愛」，也忠於「善的正義」，更忠於「自我的意志」；

E. 其他_____。

第一次檢視選擇	第二次檢視選擇	第三次檢視選擇

【第70道檢視】

「道德」真的是人的本性嗎？會不會促進人類高速發展的「貪婪」和「欲望」才是人類真正的本性？

A. 是，看別人擁有，自己就也想擁有是人類奮鬥的動力；

B. 「道德」無法當飯吃，窮人想都不敢想，有「金錢」才有講「道德」的本錢；

C. 現代的人已經沒有資格談「道德」了，大量製造垃圾，資源過度浪費，工業污染環境，瘋狂伐林造鎮，熱衷金錢遊戲……，我們就算不是「主犯」也是「從犯」，講「道德」只是讓我們看起來「高尚」一點，不那麼「愧疚」；

D. 如果「道德」不是人的本性，那你為什麼參與垃圾分類？你為什麼落實資源回收？你為什麼痛恨污染破壞？你為什麼支持綠化造林？你為什麼起身急公好義？你我都默默在一點一滴的付出，這跟高尚或愧疚無關，是心中的「神」在引領你我讓這個世界更美好；

E. 其他_____。

第一次檢視選擇	第二次檢視選擇	第三次檢視選擇

第十五章　融合依歸──種族

　　所謂「人不親土親」，有共同的民族情感，有共同的文化背景，更重要的是相同的溝通語言，在異地遇到同鄉的人總是會感到比較親切，尤其因地形與疆界的劃分，和氣候土壤與物產的特色，塑造各地不同的語言、膚色、風俗、信仰、飲食、文化……等的差異，有共同的認同價值和生活習性的一群人，小型團體組成一個聚落，大型群聚成為一個種族，各自為了自己的價值守護而凝聚群體的向心力，各種族之間有相互競爭也有合作，也有利益或信仰衝突的戰爭，甚至有的種族認為自己是天選之民，自認血統高貴而去消滅自己認為應該要被淘汰的種族，經過數千年的衝擊與反省，人權主義興起，每個生命都應被尊重的觀念已經成為普世價值，但是「種族主義」、「信仰主義」和「國家主義」的思想根深蒂固，以致於出現各領導人都滿口冠冕堂皇，但實務上國族之間的對抗從來沒停過。

　　所以聯合國在二戰過後，定義「種族滅絕罪」以防止某些種族或群體被迫害與消滅，定義中也包含精神迫害及限制生育。

　　但是種族之間的歧視與衝突有減少嗎？

　　沒有辦法，過去積累的仇恨太深，人類又特別喜歡「活在過去」，或者說是有心人刻意挑起歷史傷痛來籌集自己的政治資源，大部分民眾只想好好的活在現在，但國族主義者不願放下仇恨或是催眠自己是神所創造最優越的種族，於是少數人的

野心拖累著大部分想平靜的人。

　　「歷史」沒有被「借鏡」和「記取教訓」，反而成爲挑起「種族對立」的幫兇，這是「神」要的嗎？

種族

原始目的：建立獨一無二的文化特色之美。
主要功能：提供差異性比較、學習與欣賞。
偏離現象：國族的自尊與自卑並存，排外造成狹隘的心。

　　一個「國家」可能包含了多個「種族」，一個「種族」也可能跨越多個「國家」，人類從最原始的群聚部落或同盟、或合併、或征服，逐漸凝聚成一個「種族」或是「國家」，「種族」比較偏向「血源」與「共同信仰」的認同意識，而「國家」則是比較偏向由疆界劃分的統治人民範圍。

　　但是「膚色」經常是最直觀的劃分，習慣性的種族自我認同及天生的敵我識別養成，抗拒不同膚色的人是自然反應……，是「人」的自然反應，並不是因爲跟自己不同膚色的人會傷害自己，而是認爲跟同膚色（同種族）的人在一起比較有安全感。

　　當然在全球化的今天，我們不斷地在學習與自己相異的人瞭解與溝通，醒悟以「有色眼光」看與自己相異的人是人類的偏見和無知，人類的「心眼」已漸漸開明，知道善良並不會因爲膚色、血源、種族相異而有所不同，各色人種在各領域都能大放異采，因爲在「神」的眼裡沒有「色差」。

　　從目前的世界看起來，科技高速發展呈等比級數增長，改

變世界的變異點時間越來越短，表示這個世界各個國家大多以「經濟發展」為主，彼此既競爭又合作，軍事戰爭減少意味著國家可以用比較多的心力去發展經濟、科技、學術研究……，這就是「我」想看到的成果。

心魔不是個「和平主義」者，比較像是「享受主義」者，不要噓我，你也不會希望你的下一個「新手村」是在一個充滿歧視、飢荒、戰亂與貧窮的國家吧！那麼我們就不得不正視這個世界仍充斥著「種族歧視」與「專制迫害」的問題，不要認為你所在的國家很好沒有這些問題、這種問題離你很遠，問題是人均所得高的國家出生人口就低，人均所得低的地方偏偏出生率高，下一個你不要說買iPhone，麥片粥可能都吃不起，所以心魔才說「不要想不開」，無數的感動在等著Touch你，或是你的感動將Touch到別人，因為你是「神」啊！

國族

你有沒有玩過MMORPG？這種角色扮演的線上遊戲一開始就要先選「種族」，人類、精靈、獸人、地精……，起始的能力與天賦都有各自的特色，選好種族再去選性別及捏臉，自己創造一個心中理想的角色造型來滿足現實生活無法實現的幻想。

然後你會發現每個「種族」的設定都有它有趣的地方，你會不由自主地也玩玩其它種族的角色，有時選男角，有時換女角，不同的體驗享受不同的樂趣。

又如策略模擬的世紀帝國（Age of Empires）遊戲的一開始也是要選種族，如波斯人、瑪雅人、匈奴人、維京人……，遊戲提供你自由的選擇。

那麼真實的人生呢？

第十五章
融合依歸＿種族

隨機的新手村？還是在天堂先選好了再投胎？

絕大部分的人都不會認為是後者吧，因為生活真的是太艱難了，怎麼可能會選一個這麼痛苦的人生或是捏一個這麼爛的臉？會不會是前世壞事做太多所以這一世要受八萬四千個磨難？那麼早夭或英年早逝的人不就算是提早畢業？

如果是「神」的安排，那又有什麼好抱怨的。

如果是純粹的「隨機」，就表示這個世界是自由的，沒有任務壓力，也就沒有那麼多的國仇族恨，你今天打著「反清復明」的旗幟，也許下一個「你」就是「清人」……，或是「不列顛人」、「法蘭克人」……，「國仇族恨」到底跟你有什麼關係？今天你殺我，明天我殺你，自己充滿仇恨就算了，還要不忘囑咐下一代要「報仇雪恨」，讓他們完成你的「遺志」，到底是你的「遺志」還是獨裁者或野心家要你完成的「遺志」？搞不好那位野心家的下一個意識已經是一個吃播網紅或是一個NGO成員，你會不會覺得你在堅持一個莫名其妙的仇恨？

就更不用說人家在那邊生活得好好的，硬是說那是你們神聖不可分割的一部分，是仇恨還不夠多嗎？以為用「分久必合」可以說服人家，該擔心的是你們自己的「合久必分」吧，心魔倒是沒見過用脅迫威逼可以成就美事的，因為理由不正當，「侵略」就是「侵略」，以「解放」為名，終究還是「侵略」，能騙誰呢！

若說是同血源同種族就一定要合併在一起，那這可是違反人類的「優生學」，「近親繁殖」只會產生更多的畸形兒，不過幸好目前世界各國的人民幾乎都已經是「混種」了，以美國來說，我們認為美國原本的原住民是印地安人，但其實印地安人也是從亞洲遷徙過去的，後來有大不列顛人跨海去開墾，

後續歐洲各國都有人奔向北美，也因開墾需要大量人力，引進（或買進）非洲各國的奴工，而這些後來也都融合在一起，事實也證明「異族結合」的後代有更優秀的生存條件。

中國不也如此，單是中國境內就有超過五十個民族，蒙古族建立元朝、滿族建立清朝，要找一個血統純正的「漢人」恐怕是很難了，就算真的有純正的漢人也不代表什麼，因為絕大部分的人都不是「純種」，又不是要當「配種」的動物，以「某某民族」自居是有比較有優越感嗎？因為有數千年的文化？如果是這樣，又怎麼會去接受一個「外來的主義」來把自己數千年的文化破壞又改造呢？

「種族」、「民族」、「國族」及「國家」不是你的「模子」，它就是一個「新手村」，你不需要被統治者或領導人控制你的世界，你可能會「周遊列國」，也可能定居異鄉，更可能想為自己的「國家」、「民族」帶來更好的改變或是想要守護這片理想的淨土，請記得，**你所做的一切若不是為了現在的自己，也是為了未來的自己，絕對不是為了過去的自己**，你想在奧運奪牌，是自己的「Desire」，不是國家民族的「Desire」，是你自己的「目標」，不是國家民族的「目標」，因為在這個國家你會這麼做，換成別的國家，你也是會這麼做，你是在實踐「我」的意志，你要突破的是「自我」，絕對不是「種族」、「民族」、「國族」或「國家」。

所以「我」保衛的不是「種族」、「民族」、「國族」或「國家」，「我」保衛的是「我」的「中心思想」，不是統治者的「中心思想」，「我」臣服的是「我」的「命令」，不是領導人的「命令」，「我」可以當別人的「棋子」，但不會當「野心家」的「幫兇」，「我」可以成為被萬箭穿心的「肉盾」，但絕不會成為「侵略者」的「墊腳石」（絆腳石可

第十五章
融合依歸＿種族

以）。

　　當然上面那個「我」是心魔對「神」的解讀，不能代表你對「神」的解讀，心魔只是想讓你知道，爲什麼「君子有所爲有所不爲」？因爲心魔也想當「君子」……，不是啦！只是心魔不想臥病在床插管等死，如果「太平不見我」，那就「亂世賺薄名」。再次重申老阿伯沒練過，小朋友不要學。

疆界

　　每個部落或國家都會劃定管理疆界，就像動物們也都有領域觀念，工蜂可是會犧牲自己的生命來保衛自己領地。

　　不過動物們沒有「歷史」的觀念，不會去記耶路撒冷是誰的、阿拉伯河是誰的、釣魚台是誰的……，會執著古人的恩怨情仇也就只有人類了。

　　所以人類的「疆界」已不單是國家或部落管轄的範圍，也是兩國之間衝突的交界。

　　秦始皇把燕、趙與秦國的城牆連結成爲長城以抵禦北方的遊牧民族；現在則是一些國家築起圍牆爲的是防止偷渡者入境，「疆界」的兩邊是兩個世界，一富一貧、一強一弱，高牆圍住了繁華盛世，也圍住了貧困苦海；圍住了燈紅酒綠的笑聲，也圍住了哀淒絕望的眼神；圍住了神愛世人的聲聲呼喚；也圍住了專制封建的生生不息。

　　一位擠在逃難人群中的阿富汗婦人將褓褓中的嬰兒丟過鐵絲網，祈求美軍將小孩帶走……，母子兩人今生還有機會再相會嗎？母親丟出自己小孩的那一瞬間心不痛嗎？母親會不會在午夜夢迴時不斷地在淚水與懺悔之間輾轉？

　　這個世界以山爲屏、以水爲界還不夠，更要築起千千萬萬道冰冷高牆、千千萬萬道鐵絲刀網、千千萬萬道仇恨心牆，好

一個「神的子民」，好一個「人權普世價值」，難得來到地球玩一下「人類」的角色，一定要把「人」搞得烏煙瘴氣、壓力山大？到底是跟敵人有仇還是跟自己有仇？

好不容易倒下一個柏林圍牆，但人類心中的「高牆」堅不可摧，尤其是這些種族主義者、政治野心家、宗教狂熱分子，放過平民百姓吧！放過自己吧！玩玩手遊追追劇，放放風箏踢踢球，對於政治你可以狂熱也可以有野心，不過不需要拉無辜的人下水，暴力只會製造更多的仇恨，心魔還沒聽過一個會打老婆的老公能得到老婆的尊重，如果這些領導人只想完成自己的「志業」不在乎有沒有得到尊重，那麼歷史只會給他一個「屠夫」或「暴君」或「昏君」的評價，古人都跟你說「近悅遠來」，「施政能力」才是你的重點，打打殺殺不過是「恃強凌弱」，弱會變強，強會變弱，所以戰爭與仇恨才會永無止盡。

其實國與國相爭的不外乎是「礦產」、「航權」、「水資源」、「油田」及「面子」（歡迎對號入座），真的在荒漠、雪原、荒島根本不適合人類居住，維護或救援的成本很高，但江山如此多嬌，能爭就爭，能搶就搶，不爭不搶就會有「面子」問題，為了所謂國家的尊嚴到處與各鄰國對抗，說穿了是領導人要面子罷了，透過邊境衝突再操作民粹就可以凝聚民族意識，就可以轉移國內災難、腐敗、內鬥、政策錯誤與施政不力的焦點，百里不治圖萬里之外衝突解圍，老狗變不出新把戲，兩個國家的軍人在高山上互丟石頭做什麼？投入那麼多人力物資去搶一片不毛之地做什麼？在前線傷亡的士兵冤不冤枉，他們的功能只是幫助政府轉移注意力或是成就獨裁者自認的豐功偉業，練就精壯身軀與高強戰技就只是為了侵略或殺人？真的是保家衛國嗎？對方也是保家衛國啊！如果雙方都是保家衛國寸土不讓，那就表示一定「至少」有一方的領導人在

第十五章
融合依歸＿種族

說謊，當然一定是「對方」的領導人在說謊，因為軍人所有的資訊都來自長官、領導人，自己人一定是對的……，是嗎？

"Every day it hurts. Sometimes I wake up and don't know where I am. I don't talk to anybody……"

上面這一段話出自電影〈第一滴血〉（First Blood），藍波在描述戰爭過後日常的痛苦，典型的「戰爭創傷後壓力症候群」，雖然是電影，雖然越戰是境外戰爭（對美國來說），就因為是境外戰爭而非防禦性抵抗，只要殺了人就會有「加害者創傷壓力」，同時因為喪失隊友的傷痛形成「被害者創傷壓力」，惡夢會如影隨形，所以**不要輕言戰爭，除非你夠冷血**。

歐洲各國各有其疆界，但團結成「歐盟」互助互利不是很好嗎！一起打打球、打打手遊不好嗎？或許彼此曾經是艾澤拉斯的好友，一旦鎗聲響起便是新仇舊恨世世代代，只會是敵人不會是朋友，意圖改變別人的生活價值甚至侵略，「留島不留人」？那麼你跟你所痛恨的「XX大屠殺」的劊子手有什麼差別？差在沒砍頭嗎？如果要奪走我的思想，那跟砍頭有什麼差別！心魔只是提供一個「神」的視角，要做什麼樣的「神」也是由你自己決定，所以你的頭還是你的頭；至於一天到晚喊打喊殺的人，你的頭還是你的頭嗎？你的「精神疆界」是由別人或政府界定的嗎？

民族優越感

在奧運比賽的時候，大家總是會幫自己的國家選手加油，選手會緊張，電視機或手機即時轉播前面的觀眾也跟著緊張，選手勝利時，觀眾也會跟著歡呼，那麼，比賽的不是你，你在緊張什麼？奪牌的不是你，你在開心什麼？

接下來聊一下人類一個有趣的「認同投射心理」，應該也

只有人類才會有的「民族優越感」。

為了膚色而感到自豪？為了擁有數千年歷史文化而自豪？為了國家有強大武力而自豪？為了平均國民所得很高而自豪？

有沒有覺得這些自豪或優越感有點「自以為是」？都是先天的條件而不是自己努力後的結果。

你所支持的選手獲勝，你會覺得「與有榮焉」，那就是一種心理投射，其實選手本身也會希望透過自己的成就來帶給自己同胞光榮感，所以這種「光榮投射」沒有不好，看個人喜好。

比較不好的地方是在於你把這些心理投射一直累積，以至於誤認為自己的國家或民族是比其他國家優秀的，觀念上的錯誤容易在行為上表現出來，例如你可能會鄙視其他膚色人種；你可能會嘲笑別人沒有文化底蘊；你可能會動不動就喊打喊殺，因為你覺得自己很強；你可能會看不起落後國家的人，認為那是他們不努力，是活該……

再加上如果政府控制媒體與網路，限制只能宣傳「正能量」，那麼民族優越意識只會膨脹不會消減，之後就會失去「客觀性」，也會失去「人生而平等」的「神性價值觀」。

你認為「神」會覺得自己比「人」還優越嗎？

如果「神」覺得自己比「人」還優越，心魔可以肯定的告訴你，那是「假神」，因為「神」知道與「人」互動是彼此「互助」的關係，我有能力便去幫人，你有能力便來幫我，每個人運用自己的專長或興趣在交織這個世界的成長，每個人至少會有三種專長，大部分的人最多也不過十種專長，而這個世界可分類的專長項目超過上千種，再細分項目可到上萬種，所以是誰有那個底氣認為自己或自己的民族是優秀的是優越的？憑藉船堅砲利或是人數眾多就想當「世界霸主」？

第十五章
融合依歸＿種族

把孔子當成說嘴的驕傲，卻把這位老人家傳授的《中庸》忘得一乾二淨，然後把外來的思想奉若宗祖；孟子主張民貴君輕、君施仁政，現在是百姓不可思，不可議君王；老子的道法自然、無為而治視若無睹，反而諸多限制於民，集中再教育，連寺廟教堂都要升旗唱國歌……，哇！厲害了，你的國！

脫貧了、樓高了、國強了，民族優越感滿載，可以四處向人叫陣，用民族大義讓全國人民民粹沸騰，戰狼外交官、戰狼主播、戰狼小粉紅，原本引以為傲的禮儀之邦呢？

君本佳人，奈何剛愎，民本善人，奈何自滿，謙受益，滿招損，因驕橫招損，因恃強招損，因逾矩招損，因無禮招損，自滿者稀，卻殃損全民，逞一己口利，損國際關係，此非優越，愚也、惡也。

天下之大，英傑輩出，逾強逾慎，謙沖自牧；
視人無物，是自卑故，至善至神，互助自悟。

好像針對性太明顯，收斂一下，回來繼續講民族的優越感。

喜歡自己的國家、民族、文化當然很好，但講到優越感就有點本末倒置，舉兩個例子好了。

地表最速男Usain Bolt是100公尺、200公尺短跑及400公尺接力的世界紀錄保持人，他讓全世界看到了人口不到三百萬的牙買加，所以是國家讓他有光榮還是他讓國家有光榮？

翔平永遠打不到大谷的速球，笑死！把MLB當甲子園打，笑死！只會打全壘打不會打安打，笑死！這個來自日本的大男孩除了球技，溫暖可愛的笑容也征服了美國，所以是國家讓他有光榮還是他讓國家有光榮？

可以理解嗎？國家、種族、疆界都只是背景環境設定，你

也不需要刻意讓國家或民族有光榮，就實踐你自己而已，所以有什麼好自以為是的？有什麼好感到優越的？每個人都至少有三種天分，給你天分卻不會用，那要說你為國家或民族丟臉了嗎？

不需要，你的一切作為都是對自己負責，不需要對背景環境設定負責，因為你是「我」的傳承，活出自己的特色就是對自己的負責。

活出自己的特色是自欺欺人的話嗎？想不想看看活出自己但輸了比賽卻讓人看到這個民族、國家的優秀？在YouTube上搜尋「U12享受比賽 南非」，比賽的精神是什麼？同樣是小朋友，南非小朋友臉上滿滿的快樂和熱情，那種純真無邪讓心魔都擔心我的文字都會污染到他們；而我們的小朋友臉上只有「勝負」兩個字。12：0中華隊大勝，心魔怎麼覺得是我們大輸？

幸好心魔沒有民族優越感。

【第71道檢視】

「種族」是無法選擇與改變的「宿命」嗎？

A. 是的，生為某某人，死為某某鬼；

B. 是無法選擇，但可以改變，移民或是來場CCR（跨文化戀愛）；

C. 一切都是上天最好的安排，包括種族，反正無法改變就認命；

D. 每個種族都有其特色來吸引認同的人，血源、膚色和語言都無法影響這個認同，神性會引領你走向心中理想的價值認同；

E. 其他＿＿＿＿＿＿＿＿＿＿＿＿＿＿＿＿＿＿＿＿＿。

第十五章
融合依歸＿種族

第一次檢視選擇	第二次檢視選擇	第三次檢視選擇

【第72道檢視】

有句話說「非我族類其心必異」，所以應該窩在同溫層裡取暖並共同抵抗外族嗎？

A. 當然，自己人不會背叛自己人，只能相信自己人；

B. 外來者的身上不曉得帶了什麼瘟疫，一定要保持距離，而且自己國族是禮儀之邦，其他國族都是蠻夷之邦，所以一定要團結對抗外族；

C. 異族謀我日亟，鎖國方為上策；

D. 即使是自我也可能朝三暮四，同族人想法也不盡同，異族異心乃是理所當然，「異」有存在的必要性，它提供各種面向的碰撞與思維，使人類進化不致停滯或沉淪，所以出國考察就是要習人之長補己之短；

E. 其他＿＿＿＿＿＿＿＿＿＿＿＿＿＿＿＿＿＿＿＿＿＿＿。

第一次檢視選擇	第二次檢視選擇	第三次檢視選擇

【第73道檢視】

各國之間邊界衝突不斷，水域爭論不休，為什麼不討論共同開發或共同管理的可能？

A. 那本來就是我的，誰跟你共同開發和管理；

B. 疆界領土是強國劃出來的，沒實力就沒權力；

C. 共同開發和管理就表示領土不是我的，領導人不堅持領土擁有權就是喪權辱國、歷史罪人，所以死也要堅持主權擁有，

你終究是神，
因為你是我的永生

領土神聖不可分割；

D. 曾經擁有並不代表永遠擁有，尊重當地人民自由意志是文明人類最基本的道德，也是對「自由」這個「神性」的尊重；

E. 其他＿＿＿＿＿＿＿＿＿＿＿＿＿＿＿＿＿＿＿＿＿。

第一次檢視選擇	第二次檢視選擇	第三次檢視選擇

【第74道檢視】

「神」有沒有「地盤」的概念？

A. 有，上帝、佛祖和阿拉都不能去對方的地盤；

B. 有，宙斯掌管天空，大海由波塞頓管轄，黑帝斯守冥界，但他們都在歐洲，其他洲他們管不到；

C. 有，梵天、濕婆和毗濕奴守護印度，其他地方他們不介入；

D. 看「人」，某些國家是一神教，在台灣，歡迎各路神佛，這代表神佛的存在是由「人」決定，所以「神」的「地盤」不是由「神」決定，「人」才是「神」的幕後黑手；

E. 其他＿＿＿＿＿＿＿＿＿＿＿＿＿＿＿＿＿＿＿＿＿。

第一次檢視選擇	第二次檢視選擇	第三次檢視選擇

【第75道檢視】

如何才能成為或定義為「優越」的民族？

A. 人民不偷不搶，會排隊守秩序，會相互扶持，不會亂丟垃圾，公民素養高即為優越；

B. 國家武力強大，核彈數千枚，奧運獎牌多，聯合國中具有領導地位即為優越；

第十五章
融合依歸＿種族

C. 國家版圖大，人多團結力量大，人民消費能力高，船堅砲利，科技發達能上太空即為優越；

D. 重視人權，民主自由，尊重創作，健全衛教，輕徭薄賦，崇禮尚義，是為優越；

E. 國族優越，非我優越，心有優越，便無優越，活出特色，超越優越；

F. 其他_____。

第一次檢視選擇	第二次檢視選擇	第三次檢視選擇

啟發依歸｜教育

受教育到底是義務還是權利？如果是義務，那難怪大部分的學生都很痛苦；如果是權利，那麼現在的教育是不是有點敷衍？兒童與青少年真的有得到他們應有的受教權利嗎？

還記得前一章提到每個人天生都至少有三個天分，政府提供的「教育」應該要幫每個人找到屬於個人的天分至少一種，理想狀態是發掘到三種，太多也得看一下當事人是否承受的了，重點是學習過程是否快樂，像上一章末尾的故事，跟南非小朋友學學。

在這裡先把「天分」定義一下，也稱「天賦」，天分是可訓練的，所以也稱「專長」，這個「專長」是百中選一，順便定義一下「專家」是千中選一，「大師」是萬中選一，但是「專家」或「大師」那是二十歲之後的事了，在二十歲以前應該要在學校的「教育」找出自己的「天分」，越多越好。

為什麼說找到的天分越多越好，因為你可能有某方面的天分，但你不見得有興趣，或是某些天分因為環境關係會被迫放棄，又或是幾次挫折而感覺達不到「專家」等級而放棄精進。

但是年少懵懂，沒有人發掘、指點、教導，憑一己之力是非常的困難，所以才需要「教育」。

這「教育」可以來自家庭，也可以來自學校，但其實網路社群、大眾媒體也扮演了很重要的角色，甚至社會上的各種互動也都能提供「教育」的機會。

看看現在政府的「教育」著實令人搖頭，心魔不是這方面的專家，只是從「我」的角度來看，「考試」、「背誦」、「記憶」已成為學習的焦點進而變成痛苦，當然可以從當中發掘出善於記憶與考試的天才，但是像心魔一樣已經在社會中磨練過的人都知道，那樣的才能在實務應用上效果有限，而更多的人因為在學校測驗的不斷挫折下對自己開始懷疑，對師長的期待慢慢產生無力感，進而叛逆。但其實這個世界明明有上千種的技能可以學習，有上千種的興趣可以培養，怎麼可能因為不擅考試就被列入「壞學生」或「笨學生」？這「教育」到底是在培養人才還是在摧殘人才？

教育

原始目的：傳承經驗並啟發新知。
主要功能：知識累積以供生活應用。
偏離現象：我們在打造考試機器、SOP人。

在開始談「教育」前，我們要先講一個觀念，「教育」是一個名詞，也是一個「及人動詞」，也就是以「人」為「本」。

心魔是不是講了一個廢話？不以「人」為本，難不成是以動物為本或是以木頭為本。謝謝你的認同。

教育本應助「人」認識自己、啟發智慧、識危避禍……，但，父母把小孩送去補習班或才藝班然後自己去加班？學校要拚升學率否則有失名校聲譽？新聞重覆播報暴力、車禍、緋聞、政黨攻訐、置入行銷、網路視頻，不重口味沒有收視率？

「言教」人人都很厲害，滿口仁義道德；要「身教」的時候又推諉自己身不由己？

父母丟給學校，學校推給國家政策，國家想著如何討好這些有選票的父母，到底有人把受教育的小朋友們當「人」了嗎？

當大家在譴責校園霸凌、行為偏差、草莓族、啃老族……的時候，沒有人發現我們都是共犯嗎？

大家更關心的是股價有沒有上漲、空單什麼時候回補、買的房子有沒有上漲題材、明年能不能升遷、特殊人與人的連結會不會被發現、討厭的政治人物怎麼還沒被車撞、什麼時候可以分到遺產……

如果我們的行為都是汲汲營營、嫌貧愛富、欺善怕惡、投機取巧、逢迎虛偽，又怎麼有資格要求國家和學校應該要把你的小孩教好？或是去嘲笑別人「草莓」、「啃老」或「躺平」？

如果我們曾經是「教育制度」下的犧牲品或實驗品，是不是應該對於這些幼苗們抱持著同理心？如果你曾深受其害，是不是應該避免同樣的悲劇發生在別人身上？

還是你覺得現在的「教育」很好？你是現行「教育制度」下的受益者？不可能，因為如果是的話，你就不會乖乖的把這本書從頭看到這裡。

你一定懷疑「教育」哪裡有問題卻又說不上來，就像你曾經懷疑你的人生卻又說不上來哪裡有問題，那是因為一開始的方向就錯了，當然你後面怎麼兜也都兜不起來，「差異化」被誤用甚至被歧視，把「神性」給毀了是要怎麼兜得起來。

第十六章
啟發依歸＿教育

歧視

你覺得「神」會喜歡一個智商150的天才然後歧視一個智商只有75的凡人嗎？

「神性」有沒有很難理解？沒有啊！「神」會怎麼想你就跟著這麼想，因為你本來就是「神」！跟智商沒關係啊！

「眾生平等」當然是不可能的，你會讀書識字，雞鴨鵝不會；你會追劇購物，牛羊豬不會；你會吃他們，他們吃不了你。

但是「人人生而平等」這是最基本的「神性」，不因種族膚色、貧富貴賤、男女老幼、職業地位、高矮胖瘦……任何外在的形式或條件而受影響，因為每個人的「精神」、「思想」及「尊嚴」都是神聖的，「差異化」是必要的存在，沒有所謂優、劣、尊、卑，即使是自暴自棄、自甘墮落，那也可能只是一個階段或一個過程，不能當成結果論，如果墮落者能在苦難地獄中覺悟「神性」，那麼他的「信念」就會比一般人來得強，因為要從苦難深淵中爬上來真的太難了，沒有強大的意志難以克服。

所以有什麼好歧視別人的，如果把你跟被你歧視的人環境設定對調，你會希望被歧視嗎？

以前聽過一個故事，心魔希望是假的。

一個媽媽騎著摩托車接讀小學的女兒放學回家，路上機車故障，媽媽就把機車牽到機車行修理，車行小師傅又是檢查油路又是測試電路，不一回兒已經滿手髒污，這時這個媽媽教訓起女兒：「妳再不好好讀書，以後就是嫁給這種人。」

希望這個故事是假的，又或是這個媽媽只是想嚇嚇這個不愛唸書的女兒，心魔知道你不會歧視別人的職業，但假設你有個女兒，你能接受她嫁給一個與油污為伍的修車技師嗎？

我們就從這位媽媽短短的這一段話來看看「教育」出了什麼問題：

1. 是誰教了這個媽媽讓她認爲好好讀書才能找到好老公？
2. 讀書是爲了找好老公？不是爲了開闊自己的視野和思想？
3. 這位媽媽是親身經歷嗎？自己是不是也不好好讀書？
4. 教育小孩要用恐嚇的？只會使用下下策嗎？
5. 修車師傅很卑下嗎？怎麼說也算是個醫生，摩托車醫生，你厲害你自己換個輪胎看看。
6. 這種人如何？腳踏實地有問題嗎？爲你服務有問題嗎？
7. 是媽媽有問題？還是社會價值觀有問題？還是一開始的「教育」就有問題？
8. 「嫁」？女人還是要依附男人嗎？依附別人需要讀書嗎？
9. 車行又不是有只修車，辦保險、賣車、拖運、周邊……，收入輾壓坐到長痔瘡的上班族啊！
10. 小師傅黑的是手；這位媽媽黑的是嘴還是心？

所以，你意識到「歧視別人」的嚴重性了嗎？你不見得傷害到別人，你可能也沒有這個意思，但你著實反傷到了自己，尤其是當你在「歧視別人」時，便是已經放棄了「神性」。

「教育」不教這個啊！考試滿分最重要啊！眞的嗎？

拿了滿分卻不懂「平等」與「尊重」，就這樣與「神」擦肩而過，請記住，貶低別人並不會讓自己變得高尚，人生最後的「圓滿」也沒有「高尚」這種東西，沒有必要讓「歧視」壞了你的「圓滿」。當然如果你是網軍、小粉紅，你可能有你業務上的需要那就另當別論，別讓仇恨和歧視腐蝕了你的「神

性」，保重！

模組化

現在的餐飲連鎖店所製作的餐點都SOP化了，所以不需要專業大廚也能做出美味的佳餚。

從小蛋糕到汽車鈑金都有模具供大量生產，所以產品能維持一定的標準及品質，這都是產品「模組化」後的優點。

不過，「人」也需要「模組化」嗎？或者說「神」也需要「模組化」嗎？

想像一下，從學校畢業出來的學生每個各項學科都能考滿分，每個都是體育健將，原料進去成品出來，素胚進去精英出來，每個人都有待遇優渥的工作，那這樣還需要挑對象伴侶嗎？反正每個人都一樣，能力都一樣那要把誰升上經理？小孩也不需要父母教了，反正後來都會一樣。

這是「人」還是「機器人」？

心魔太誇大了，人不可能都一樣！

是的，人不可能都一樣，那是被教育的人不想跟別人一樣，你當過小孩你知道，小的時候不一樣，長大了，我們學會把屈服當作雙贏，學會把逃避當作和平，學會把逆來順受當作成長，學會把放棄夢想當作聰明，是不是？是不是長大後就都變一樣了？得過且過、人云亦云、隨波逐流、謹小慎微、心事重重、渾渾噩噩、爭功諉過、明哲保身，心魔把認識的成語都丟上來了，如果你中了四個以上也不用太沮喪，因為大部分的成年人都是這樣，孰令致之？模組教育耳！

用「耳」字太八股了，現代白話的講法是「兇手就是模組化教育」。

國中、高中一個班大概40個人左右，一個老師對全部，老

你終究是神，
因為你是我的永生

師沒有辦法停下來等還沒有理解的同學，更何況有人根本不想聽課，正直青春時期活潑好動，在古時候已經要學習狩獵製作陷阱，在山林或原野奔跑，血液是狂野的，卻要坐在教室幾乎一整天，這才叫折磨吧！所以你可以看到一些學生一下課就衝到籃球場打籃球，打個5分鐘也好。

同樣的模組無法套到每個人身上，尤其這個「模組」叫做「升學模組」，在學校裡套不進去的大部分就要被放棄，老師人力有限，無法照顧到每一個人，老師的壓力也很大，尤其現在打不得罵不得，一堆家長時不時關心孩子的學習狀況，用手機找老師，無形中工時也增加，老師為五斗米折腰，熱情能燃燒多久？學生為父母讀書，求知的樂趣變成應付的痛苦，就為了將來入社會後能找到好工作？然後再套入「適者生存」的「競爭模組」？

心魔是不是很煩，很愛抱怨？這個世界在進步，目前的教育方式也讓我們跟得上世界，不是很好嗎？

是嗎？確定現在教的就是未來用得到的？

教學內容心魔相信我們老師的專業與奉獻無庸置疑，但我們對「教育」的設定幾乎是專注在「升學教育」與「技職教育」這兩個模組，嗯（深吸一口氣）～！3！2！1！

那麼人權觀念教育、生活技能教育、法律常識教育、應對進退教育、兩性情感教育、生老病死教育、傷害復健教育、求生急救教育、基本用藥常識、新知趣聞見識、新奇行業介紹、資源管道運用、理財觀念教育、挫折抗壓訓練、防詐騙教育、智慧財產權教育、網路安全觀念、生活安全觀念、人身安全教育、藝術賞析……，這些教育都要讓這些幼苗進入社會後自行體驗嗎？心魔不想花太多篇幅一一說明，就拿「人權觀念」來說，不是兩性平權、婚姻平權才是「人權」，霸凌、家暴怎麼

第十六章
啟發依歸＿教育

來的？大車壓小車，小車擠機車，機車嚇行人，爲什麼？後車廂是不是要放一支球棒？藉機行竊、行兇、性侵又是怎麼來的？說是文明國家，高學歷高收入，卻仍是大欺小、強欺弱的野蠻行爲，不從尊重人權教育著手，再來責怪個人行爲偏差、暴力、歧視，這是「教育」的「眞理」嗎？因爲「人權」無法「模組化」所以這不是「教育」的「責任」囉？這是不是「模組化」的「Bug」？

不知道

「教育」不就是讓「不知道」的人知「道」，行「人道」、明「道理」，「道」就是「路」，你要走的「路」，知「正道」以修持正身，識「不正道」/「歪道」/「斜道」/「邪道」以遠禍避凶，「教育」忽視這個，專教「功利」，你說「神」是不是要搖頭？

學校「功利」已經夠慘了，家長還要再補一腳，讓子孩「補習」，補英文、國文、數學、理化……，家長也很無奈，不這樣做小孩會跟不上人家或進不了好學校然後找不到好工作……

那麼心魔就問所有在社會上工作超過十年的朋友，你覺得學校及課後補習的東西在你的工作派得上用場嗎？

不要誤會以爲心魔要質疑這些學科，這本書看到這邊你可以看到心魔把學校教的國、英、數做了一些應用，學科本身沒有問題，有問題的是你有沒有發現這社會上九成以上的工作都跟學校考試的東西沒有直接關係？

甚至可以說絕大部分的工作只要經過職前訓練一到十周，大部分的人都可以勝任的，只差在你喜不喜歡這個工作而已。

那麼小時候考那麼多的試是在考心酸的嗎？

你終究是神，
因爲你是我的永生

瞭解心魔質疑的重點了嗎？義務教育中沒有充分讓學生真正的知「道」，元素週期表背得很熟，詩詞朗朗上口，考得很好好像「知道」，但其實不知「道」。

　　知其然不知其所以然，如此養成的結果就是工作上就「照做」，不知道為什麼要這麼做，老闆怎麼說你就怎麼做；父母怎麼說你就怎麼做；政客怎麼說你就怎麼做。

　　你知道結果，不知道過程；你知道表相，不知道根因；你知道複製，不知道創造；你知道名利，不知道圓滿；你知道偉人，不知道自己；你知道結婚，不知道陪伴……

　　因為學校沒教，因為父母沒教，講過程太花時間，講根因不是很確定，講創造太飄渺，講圓滿人人不同，講自己自己也不清楚，講陪伴太簡單不可能是答案，而且我很忙……

　　這就是為什麼大部分的人都會迷惘，會懷疑人生，不管你是貧窮還是富有，不管你是強權還是弱勢，因為你並不知「道」，或者是你以為知「道」，但一陣子後這個「道」會被自己或別人推翻，因為以前沒檢驗「道」，一經檢驗後就像晨霧一下子消失在日照下化為烏有。

　　然而大部分的人終究會知「道」，只是那一刻通常是在最後一口氣時，還真的就像晨霧一樣隨時消逝，所有恩怨情仇、貧富榮辱，沒有一絲一毫帶得走，這個世界上最公平的一刻即將到來，放不下的也只是為難自己，是說此時知不知「道」也無所謂了，不會有人知道你是不是已經知「道」了，而別人知不知道你已經知「道」跟你也沒有任何關係，都結束了。

　　既然「知道」和「不知道」最後的結果都一樣，那還有必要去知「道」嗎？

　　要是你覺得迷迷糊糊比較快樂是可以不用知「道」，智商在70以下可以不用知「道」，那已經是不同的世界，問題是你

第十六章
啟發依歸＿教育

能看到這邊表示你的智商至少在100以上，不知「道」反而是痛苦的一件事，你會像螞蟻、蜜蜂一樣忙得團團轉卻不曉得在忙什麼。

「道」聽起來很玄嗎？不要侷限在老子的「道」，他老人家的「道」是道可道「非常」道，心魔要講的「道」沒那麼複雜，是「常」道，就是通往目的地的「道路」，解決問題的「方法」。看出來了嗎？師長教你的大都是「結果」，很少去講「為什麼」，你要是問「為什麼」，老師會說「背」就對了，背九九乘法、背方程式、背詩詞歌賦……，如果我們都只在意「結果」，那麼人最後都會「死亡」，對於人生這個過程又何必這麼辛苦？

心魔不知道最後會怎麼死？病死、老死、溺死、燒死、噎死、被車撞死、被暗殺……，很多結果不是「我」能決定，但「我」一定能決定「過程」，這個「過程」就是「路徑」、「足跡」、就是「道」，故古人傳下來的是知「道」而不是知「果」。

你也曾經是「古人」，怎麼以前的你教育不普及、資訊不發達，可是你就是知「道」，現在都幫你外掛一個超級電腦了，你卻反而不知「道」，是哪裡的問題？

是「道」不再重要了嗎？「不知道」成主流了嗎？知功名就好？知利益就好？知方便就好？知潮流就好？知結論就好？知取巧就好？知民族就好？知服從就好？這些不就現行「教育」在做的事？我們把人當成了馬戲團裡的動物在訓練，把人當成了工廠裡生產線上的標準化流程在訓練，這樣的人真的會知「道」嗎？

是否太苛責教育單位？是有點無奈，「神性」完全跑錯了方向，國家主張「宗教自由」讓人民紛紛將「神」向外求，

你終究是神，
因為你是我的永生

222

甚至為「神明」打金牌、供金身，而忽略了最強大的「神」其實就是自己，「神」也需要被教育、被覺醒乃至終生學習，但現在的教育不可能也不敢教說「人」就是「神」，這太離經叛「道」，有趣吧！教育單位真的知「道」嗎？

　　真寂寞！嘿！你知「道」了嗎？

【第76道檢視】

學生的學科測驗可以用分數來量化，那麼「德行」要如何評量？

A. 最聽話的分數最高，最不聽話的分數最低；

B. 「德行」不用評量，升學考不考這個；

C. 「德行」太主觀，也不可能有滿分，無法評量；

D. 愛國又孝順的人「德行」分數最高；

E. 「德行」是條件觸發型的生活驗證，每個人、每個階段的條件都不一樣，無法比較和評量；

F. 學校教學科、術科，「德行」要由家長負責教育；

G. 不是所有項目都要打分數，學生需要的是被「啟蒙」，不是被評分；

H. 其他＿＿＿＿＿＿＿＿＿＿＿＿＿＿＿＿＿＿＿＿＿＿。

第一次檢視選擇	第二次檢視選擇	第三次檢視選擇

【第77道檢視】

把課本內容背熟並考試滿分，這是「智商」還是「智慧」？

A. 是「智商」，智商越高越會背書；

B. 是「智慧」，有慧根的人理解能力越好；

第十六章
啟發依歸＿教育

C. 都不是，就只是「記憶力」，跟「智力」無關；

D. 能舉一反三是「智商」，能見一知三是「智慧」，考滿分很棒，能活用更好，能融會貫通、觸類旁通才是學習的目的；

E. 其他＿＿＿＿＿＿＿＿＿＿＿＿＿＿＿＿＿＿＿＿＿。

第一次檢視選擇	第二次檢視選擇	第三次檢視選擇

【第78道檢視】

在智能教育掛帥的環境下，體能教育被忽視排擠，孩童從小就久坐並承受課業壓力，活動量不足，如此延續到進入社會，沒有運動習慣，肌耐力不足，文明病、自律神經失調、失眠、過敏、慢性病及生育率下降跟這個有關係嗎？

A. 沒有，政府絕對不承認；

B. 就算有關係也沒關係，我們有強大的醫療系統；

C. 即使沒有課業壓力，學童也是坐在那邊滑手機，影響不大；

D. 人口逆成長也不錯，可以減少碳排放及資源消耗；

E. 健康才有生產力，才有享樂的本錢，更是保護家人的基柱，沒有健康，「永生」只會更痛苦；

F. 其他＿＿＿＿＿＿＿＿＿＿＿＿＿＿＿＿＿＿＿。

第一次檢視選擇	第二次檢視選擇	第三次檢視選擇

【第79道檢視】

現代小孩習慣與手機或電腦為伍，網路語言、符號表情及網路社交相當活躍，但實際在團體生活的應對就顯得木訥，怎麼辦？

A. 也不錯啊！網路上無盡的老師可以學習，有無限的創意可以啟發，木訥總比出去跟人家稱兄道弟、刀光劍影好；

B. 網路是一個知識庫，也是一個提供幻想的樂園，更是虛假與詐騙的天堂，網路只會更發達不會逆向發展，所以教育網路安全及資源索引是每個人的必備基本能力；

C. 學校是最好的群體教育環境，讓學生有更多學習互動、團隊創作、分組討論、心得分享、合唱群舞、換角體驗、領導模擬……等，不一定都是由老師講課，引導學生學習「主動」發揮興趣專才；

D. XD；

E. 其他_____。

第一次檢視選擇	第二次檢視選擇	第三次檢視選擇

【第80道檢視】

學校教的「美術」是不是太浪費時間又浪費錢？畫個兩三次只有更多的挫折感，而且有錢人的小孩什麼都比較會，窮人家的小孩就不要玩「美術」了？

A. 單就「美」的詮釋就有問題，從小就讓學童「愛美嫌醜」，然後讓「與眾不同」的人被嘲笑，殊不知「美」為「心術」，「心不識美」如何能鑑識「與眾不同」才是「藝術」；

B. 真正的挫折是「教育」把「美」給標準化，並且讓具有獨特天分的人誤以為他不具有「美」的創作與鑑賞能力，所以真正有肝病的是「教育」；

C. 「美術」只是「藝術」的一小部分，一個「作品」要有「精

第十六章
啟發依歸＿教育

神」才能稱爲「藝術」，學校只教你要做得「美」，卻忽視「精神」的養成，錯失「藝術」的本質；

D. 別讓「金錢」限制了你對「藝術」的想像，行爲藝術、裝置藝術、文字藝術、表演藝術、舞蹈、武術、心靈鑑賞……生活中到處都是，別讓「能標價」的作品才叫藝術的迷思誤導，別把「藝術」勢利化；

E. 其他＿＿＿＿＿＿＿＿＿＿＿＿＿＿＿＿＿＿＿＿＿。

第一次檢視選擇	第二次檢視選擇	第三次檢視選擇

我與神之約

在介紹完了什麼是我？什麼是神？神的四本柱以及六面封印後，現在，要進入屬於「修練」的章節，心魔將介紹什麼是「神性」、「神性不能」、「魔」及「大腦多維空間」。

「我」都已經是「神」了還需要「修練」嗎？

你以為躺平會比較輕鬆嗎？躺平更累好嗎！因為躺下來你的腦子反而會動得更快，要思考的事情太多了，所以躺平不是壞事，調節一下步調也好，重點是你要躺得有收穫。

「我與神之約」？「我」跟「神」有什麼約定？「我」不就是「神」了嗎？難道……

是的，就是你自己與自己的約定。

這個「約定」就是你的「修練」之路，所以每個「神」都有不同的修練之路，心魔不是要干涉你怎麼修練你自己的「神」，而是要提醒你做一個「神」的「初衷」，提醒你有沒有走火入「魔」，你是不是已經背離你原本神聖的「初衷」？

這世間會吸引人走火入魔的「妖魔」太多了……，是嗎？

人會變壞都是因為遇到「壞朋友」？

可是這世間明明有更多的「好朋友」與「神」在引導你，你是看不到還是故意不想看到？

「修練」沒那麼難，找回屬於你自己的「神」而已，來吧！「我」已經恭候多時！

　　覺悟「神性」才能成為「神」嗎？我感覺不到「神性」怎麼辦？

　　「神性」這個名詞在前面已經提過好幾次，神的四本柱「永生」、「自由」、「智慧」與「愛」是每個人與生俱來最基本的「神性」，從四本柱比重差異相互交織出屬於個人獨特的「神性」。

　　例如摩西帶領以色列人走出埃及，是不想被奴役的「自由」天性，以及對族人同胞血親的「愛」，心魔認為那個「約櫃」就是「智慧」，用屬於他們的「永生」引領到他們的聖地，這是「為理想堅持」的「神性」。

　　例如梵谷的自畫像是結合他自己無盡的「自由」，也包含了不少對色彩的「愛」及對自己的「愛」，加上美學的「智慧」，調合出「藝術性創造」，畫一張少了支耳朵還紗布包紮的自畫像是有誰會買？但創作的過程就是「永生」的過程，每一筆色彩都是存在的證明，畫中的自己或許就是最寧靜的美好，他自己可能不知道，一個簡單的意念成就了「作品的永生」以及「意念的永生」。

　　例如2021年清水隧道前的太魯閣列車49死亡事故，因彎道與隧道關係，司機袁淳修從發現軌道有工程車到撞擊時間僅有7秒，要緊急掣剎並鳴笛警告乘客準備撞擊，他沒有選擇逃離或閃避，最真實的面對死亡，這7秒是他將「永生」、「自由」、

「智慧」與「愛」做最極致的實踐，逃避是人類本能反應，他的自由意志當下決定堅守崗位準備捐軀，你當然能說這是他的責任使然，但換作是你你能做得到嗎？遇突發狀況緊急應變不會不知所措難道不是「智慧」？能救多少就救多少，緊握司軔閥難道不是「大愛」？能面對恐懼、戰勝恐懼、不被恐懼支配才是真正的「自由」，捨己命換他人活還不叫「永生」嗎？這種「捨己救人」的「神性」心魔希望不會有人用到，太難了，某國的火車要對撞了司機趕緊跳車，如果你做不到也是正常的，愛惜自己的生命是合情合理的，任何決定都是「神」的決定，而袁淳修用最後不到7秒的生命做出了他對「神」的詮釋。

人不是為了偉大而存在，是為了實踐心中理想的自己。

你有「理想的自己」這個「神性」嗎？有了這個「神性」你就再也不會懷疑人生，你的「永生之路」也會走得更踏實。

還有哪些「神性」？一開始就說的「藝術性創造」是，「發明」也是，「分享」也是，「危險預防」、「行為分析」、「結果預測」也都是，甚至連「生小孩」都是，我也數不清，其實也不需要數，也不需要去記，一個很簡單的原則，**遵循「善」或「美」的本能就是「神性」。**

就拿「生小孩」這件事來說，如果只是為了「發洩」或「貪慾」或「傳宗接代」而生小孩，那這是生物本能的「獸性」，每個動物或昆蟲都會做，而且做得比你還要好，求偶前還會先來一段舞蹈，所以就不用扯到「神性」；如果是兩情相悅、同生共養小孩，那麼可以稱作「人性」；但如果起心動念是「創造神」、「創造我」，讓一個新的「我」延續了「永生」，「偉大」這個形容不但不足以彰顯你的善念，還會玷污了你的美德。雖然以結果論來說以「獸性」或「人性」或「神性」生出來的小孩都是延續了「我」的「永生」，但你的起心

第十七章
神性

動念正是你「圓滿」的起點，也是你「圓滿」的終點，就算生不出小孩，至少你的「念」是「善」的是「美」的，「神」要的不是結果，而是你的「善」與「美」，那才是「圓滿」。

再以「發明」為例，心魔說「發明」也是「神性」，可是發明了火藥引起了戰爭與殺戮，這不就害人了嗎？

最早的火藥發明是千年之前中國術士為了長生不老藥的煉丹而發現，看吧！是為了「永生」！後來應用在驅趕毒蛇猛獸的鞭炮及喜慶助興的煙火，很歡樂不是嗎！

諾貝爾改良炸藥也不過是19世紀的事，這個技術後來被量產製造成為戰場上的殺人工具，他致富了，也深受良心折磨，他的技術產生的效果與心中渴望的和平背道而馳，所以將畢生積蓄捐出成立基金，每年獎勵在物理、化學、醫學、文學及和平做出貢獻的人，這種將功補過、補償回饋的精神在一般動物身上是看不到的。然而事實上，火藥也應用在開山闢土、大樓拆除，甚至汽車上的安全氣囊也需要火藥來擊發，殺人工具也能成為緊急事故中救人一命的防護，這樣的發明也只有「神」才想得到。

所以「神性」在哪裡？就一個「善」或「美」的念頭，一個化腐朽為神奇的念頭、一個化干戈為玉帛的念頭、一個化對抗為合作的念頭、一個化痛苦為力量的念頭、一個化＿＿＿＿＿＿＿＿＿＿為＿＿＿＿＿＿＿＿的念頭，這些「念頭」你每天都會遇到數十遍或以上，在職場、在家庭、在學習、在情感、在交際、在創作、在事故、在帳單、在疾病……，每天有各式各樣的生活鐵拳在打擊你，你還有精神在看這本書而且看到這裡，哦！你很不簡單，有你的，因為「我」本來就不簡單。

【第81道檢視】

幾乎每個人每天的第一件事就是起床，又是扛起同一個軀殼、扮演同一個角色，一成不變的生活和無法預測的苦難，面對這麼強大的挑戰，「醒來」是不是每天第一個會用到的「神性」？

A. 「醒來」不算是神性，因為動物也會睡醒，而且雞做的還比人好；

B. 「神」會睡覺嗎？「神」永遠醒著，才不會錯過人類發生的一切，不睡覺才是「神性」；

C. 「神」根沒還沒睡醒吧？世界都亂成什麼樣子了，也沒看到他老人家的影子；

D. 「未醒狀態」不一定在床上，路上走的多是「未醒者」；

E. 「醒來」不是神性，但知道為什麼醒來、知道醒來要做什麼、知道能夠醒來是多麼珍貴的一件事，這才是「神性」；

F. 其他＿＿＿＿＿＿＿＿＿＿＿＿＿＿＿＿＿＿＿＿＿。

第一次檢視選擇	第二次檢視選擇	第三次檢視選擇

【第82道檢視】

「助人」是「神性」，但「助人」應該幫到什麼程度？

A. 是朋友就是傾力化劫、義氣相助；

B. 是家人就是共度患難、血親之覺；

C. 是愛人就該有始有終、同甘共苦；

D. 是同胞就要善待如己、待時運轉；

E. 應學「神」以道相度，默默祝福；

F. 其他＿＿＿＿＿＿＿＿＿＿＿＿＿＿＿＿＿＿＿＿＿。

第十七章
神性

第一次檢視選擇	第二次檢視選擇	第三次檢視選擇

【第83道檢視】

人總是會有理想、抱負、願望，這些是「神性」嗎？如果是的話，有動機就是有欲望，所以「欲望」也是「神性」嗎？

A. 「神」哪會有什麼「欲望」，但「神」是有理想的，希望人人都能上天堂，覺悟解脫，沒有痛苦、沒有煩惱，所以「欲望」不是「神性」；

B. 有「欲望」不是壞事，「欲望」能設定目標，也是積極努力的動力，「欲望」本身跟「神性」無關，是設定「欲望標的」的「正當性」決定是不是「神」的「本性」；

C. 「欲望」是文明累積與技術發展的觸媒，也是理想實現與情感寄託的門窗，所以是「神性」；

D. 「人心不足蛇吞象」說明人像蛇或野獸一樣無法控制自己的欲望，「欲望」如水，能載舟亦能覆舟，「神」能清楚自己心之所欲，透過欲望激發意志以實踐目標，重點是能夠不役於物，也能不役於「欲」；

E. 其他＿＿＿＿＿＿＿＿＿＿＿＿＿＿＿＿＿＿＿＿＿＿。

第一次檢視選擇	第二次檢視選擇	第三次檢視選擇

【第84道檢視】

某甲依他「神性」做出來的決策對某乙和某丙可能是好的，但也可能傷害到某丁，甚至可能因為環境改變，當初某甲的決定也傷害到某乙或某丙，這樣還能稱做「神性」嗎？

你終究是神，
因為你是我的永生

A. 福禍相依，寒冬能淘汰虛弱的生物，也能堅韌存活的物種，同樣的不景氣，有的企業知道轉型，有的則是固本苦撐，任何決定都具「神性」，只是達爾文會決定倖存者；

B. 別人的「神性」與己無關，每一個分岔路口的選擇都是自己「神性」的考驗，生命的檢視隨時都在發生，「神性」是一直在成長，所以才要動心忍性，增益其所不能

C. 每個人的「神性」都不盡相同，每個人的觀念想法也不會一樣，在不同條件的差異性個體亂數碰撞以及主、客觀環境的變動下，整個世界就是一個「亂數世界」，唯一能控制的變數或常數就是自己的「神性」，個人可以「以不變應萬變」或是「識時務者為俊傑」，「神」一定是經過宏觀及客觀的審視才做出決定，而不是毫無章法、恣意妄為；

D. 從個人中心思想中「善」與「美」出發的意念，是自己對自己負責的行為，對他人體現的「益」或「害」都是實驗、經驗過後作為修正與否的參考，每個人就是在這種不斷的應對測試的經驗累積而形成獨立的個人中心思想，也是個人獨特的「神性」；

E. 其他＿＿＿＿＿＿＿＿＿＿＿＿＿＿＿＿＿＿＿＿＿＿。

第一次檢視選擇	第二次檢視選擇	第三次檢視選擇

【第85道檢視】

凡事都要考慮到「神性」會不會太累？會不會反而變得拘謹？這樣的生活會不會太痛苦？

A. 是啊！做個事情要瞻前顧後不能自由自在，不自由就失去當「神」的意義了啊；

B. 先把「人性」顧好，這弱肉強食的世界講「神性」會吃大虧，所以這本書看看就好，不要被心魔騙了；

C. 其實只是還不習慣而已，人也不是一出生就會唱歌跳舞，學一下就會了，發揮「神性」不需專業背景、不需身分條件、不需別人授權，習慣了就像吸呼一樣不會查覺自己正在呼吸；

D. 倒也不必，在憤怒的時候冷靜一下想想「神」會怎麼做，在焦慮的時候暫停一下想想「神」會怎麼做，在悲傷失意、在遭受打擊、在變故後、在恐懼中、在迷惑、在逆境⋯⋯在各種不知所措的情況下，想想「神」會怎麼做，就醬；

E. 其他＿＿＿＿＿＿＿＿＿＿＿＿＿＿＿＿＿＿＿＿＿。

第一次檢視選擇	第二次檢視選擇	第三次檢視選擇

神性障礙

第十八章

或是「神性消失」、「神性隱蔽」、「神性失能」，或叫「神性離線」。

我們一直在講「神性」，「神性」有沒有可能無法運作？

太多了，物理性的傷害如酗酒、毒品、大腦受傷；心理性的失控如憤怒、盲從、壓抑，只要是造成大腦無法「自主思考」的都歸類在「神性障礙」。

那麼被奴役的人行動被限制還有結了婚的人被家庭綁住，這些都無法實行「自由意志」，算不算「神性障礙」？

不算哦！行為上的限制不代表思想上的限制，被奴役的人心中仍嚮往自由；已婚者選擇以家庭為歸屬或是為家人奮鬥，這些都沒有喪失「自主思考」的能力，所以不算「神性障礙」。

以下就簡單介紹一下常見的「神性障礙」讓你防備。

酗酒

傷心的時候要借酒澆愁；開心的時候更是要飲酒狂歡；好友相聚小酌一下，品酒、混酒、敬酒不能推卸、喝酒不能漏氣，是兄弟一定要乾，然後酒精後座力發作……

等清醒的時候不是糗態百出就是傷害了人，更嚴重的是開車肇了事，全球每年有數萬人要死於莫名其妙的酒駕，這些受害人及其家屬就應該自認倒楣嗎？

你清醒時知道喝酒後會意識模糊，不適合類似開車這種需要專注與及時反應的工作，要說酒精太吸引人，不如說愛逞強，喝茫了就以為自己是天王老子，可以上景陽崗打虎了，這個時候哪裡還有「神性」，酒精麻痺了大腦，反應當然變慢甚至停滯。

李白號稱「酒仙」，「人生得意須盡歡，莫使金樽空對月」、「將進酒，君莫停」……，莫停就撞到人啦，他不用開車啊！更何況古人是「煮酒」，酒精濃度本來就不高，再煮一下既暖身也不易宿醉，所以李白才能豪放瀟灑地飲酒作詩，但是現代的人不是在喝酒，是在「喝酒精」，酒精濃度越高代表越能展現豪氣，瞭解了嗎？用傻勁在跟人家拼「喝酒精」，到底有什麼豪氣可言？

還是你想「藉酒壯膽」亦或「酒後吐真言」？你確定酒後吐的是真言不是穢物？你壯的是膽不是撞到人？

你說肇事者「不知道」嗎？所以政府知「道」嗎？加強臨檢、連坐及加重刑責是「道」嗎？製酒廠知「道」嗎？僅標注警語是「道」嗎？受害人及其家屬的「道」呢？

政府與製酒廠不用負「道義」上的責任嗎？是不是應該給予受害人及其家屬「公道」？

建議每一瓶售出的酒應按其酒精含量比例課徵相等的專稅，用以成立基金，彌補受害人或其家屬，不限酒駕案例，酒後家暴、傷人案件也應受理。肇事者除了接受刑罰，也應按個人財產依比例高額賠償，若肇事者亦亡或無力賠償則由專案基金加倍負擔。以上駕車超速致傷亡亦可比照專稅模式。

如果上面這個幻想能成立，以後要先脫產才能喝酒了。「千金散盡還復來」，李白應該也會同意心魔的這個幻想吧！

你終究是神，
因為你是我的永生

毒品

　　幾乎每個國家都會宣導毒品的危害，也都信誓旦旦地向毒品宣戰，可是你看過毒品在哪個時代或哪個地區滅絕嗎？

　　政府說是毒品，在癮君子心中那可是通往天堂的仙丹。講到「癮君子」，為什麼將這些毒品成癮者被冠以「癮君子」稱號？其一是癮君子原指煙癮成性的人，後來看到毒癮發作的癮頭更為明顯，這個稱號就被毒品成癮者搶去用了；其二是魏晉時期就有文人喜食五石散，這也是一種毒物，他們算是最早的癮君子，只是當時還沒有這種說法；其三是華夏古人的良善，東漢時有一窮困之人無奈上樑為賊，陳寔苦民所苦，勸助「樑上君子」迷徒知返，引為佳話，所以「樑上君子」和「癮君子」都是希望他們能迷途知返，莫忘君子本性。同理，「戰狼君子」、「五毛君子」、「網軍君子」、「政客君子」、「球棒君子」、「詐騙君子」、「時間管理大師君子」、「＿＿＿＿＿＿君子」，卿本佳人，莫忘君子光明磊落、正直良善本性。

　　又扯遠了嗎？君子不用遠庖廚，但一定要遠煙毒。（這樣轉回來應該還不算太硬吧！）

　　服用或注射毒品可以阻斷痛苦的神經、放空煩惱的思緒，進入迷幻漂浮的世界，他們認為找到了通往天堂的捷徑。

　　藥頭在推銷的時候也是這麼講，還可以治牙痛、減緩課業壓力以及房事助興等等，通常一開始還是免費奉送，讓你試試看，他們很有自信，大部分的人一試便成主顧，這個市場永遠存在，因為利潤太高了，等你為了吸食毒品而耗盡家產時，你自然就會成為小盤商去尋找下一個受害者。

　　這麼說好了，黑社會集團利用毒品控制女性賣淫牟利，這就意味著毒品能夠控制人的心性，削弱人的意志，任你意志

再堅強，也抵擋不了毒癮來時的痛苦，因為你的大腦已經被侵蝕，意志在毒癮面前根本不堪一擊。

所以藥頭只會跟你說這個「藥」多好又多好，但一定不會跟你說這個「藥」的副作用，噁心、頭暈、精神渙散、失眠，成癮者還會抽搐、焦躁、尿失禁、幻覺幻聽，當然不同的毒品有不同的後遺症，緩解的方法就是服用更多的毒品、付出更多的錢以及無限的悔恨。

交出「神性」跟「惡魔」交易，在服用的時候你以為得到解放、得到自由，事實上已經被禁錮在牢籠內，你的自由不再是你的自由，而是由別人自由的控制你的自由。

當然也有人接觸毒品是希望透過「藥品」來緩解壓力或疼痛，劉德華在〈獄中龍〉戲中飾演了一個道上兄弟因幫派火拚重傷需靠毒品減輕疼痛，後來由何家勁飾演的好友協助戒毒；張學友在《喋血街頭》中飾演了一個因子彈卡在頭顱而痛苦不已，必需靠毒品來麻痺痛苦的殺手輝仔，張學友把人不像人、鬼不像鬼的角色詮釋的淋漓盡致，後來好友阿B（梁朝偉飾）找到他，輝仔請求阿B開槍了結他，一個痛苦糾結的黑夜，阿B把手槍朝向跪在地上的輝仔的頭，輝仔怕頭又卡彈，抓著阿B的手慢慢移到心臟位置……

用電影情節來合理化使用毒品的正當性非常不洽當，尋求正當醫療途徑才是正解，那麼心魔為什麼引用？

因為心魔要告訴你，張學友演得太虐心你雖然是主角，但你沒有主角光環，沒有造型設計，沒有特寫鏡頭，沒有後製旁白，沒有可歌可泣的回憶畫面，沒有悲壯的BGM，最重要的是沒有觀眾會同情你，如果你繼續注射或吸食毒品的話，你要虐待你的軀殼，你的軀殼一定會如實的反饋給你，「神」也幫不了你。

憤怒

不曉得有沒有人一輩子都沒有憤怒過？很難吧！自己或家人被欺負、被挑釁、被背叛、喜歡的人被抹黑、討厭的人當選、被插隊、被後車閃大燈或按喇叭、判決不公、黑箱作業、威權壓迫、應該考100分卻只考了98分、爲什麼他的雞翅膀比我的大……

心魔並不是要你做一個不會憤怒的人，每個人總是有在乎的事情和所愛的人，就像是你看到山林被濫墾濫伐你會感到憤怒，因爲你其實是在乎山林的；就像是你看到有人亂丟垃圾你會感到憤怒，因爲你其實是在乎環境的；就像是有人恐嚇你口中的鬼島你會感到憤怒，因爲你其實是愛鬼島的；就像是有人欺負你眼中所瞧不起沒知識又沒文化的父母你會感到憤怒，因爲你其實是……，嗯！

有沒有覺得上面四個憤怒情境其實很率直美麗又可愛，在這個世上有你所在乎的人、事、物，所以這個世界才會這麼美麗，貓狗爲什麼可愛？春日爲什麼和煦？助人爲什麼快樂？如果你都忙著工作、忙著仇恨沒有注意到美麗的環境與風景，那麼所有的美麗也都只是無意義的背景。就因爲你投射了你的感情，世界才亮了起來，所有的物件與參數都開始有了意義，所以你真的是那個「神」，而且是無可取代的那種。

所以，相較於率直美麗又可愛憤怒，那些按你喇叭、閃你大燈、嘲笑謾罵、挑釁打擊的憤怒又有什麼好計較的，你的燃點那麼低嗎？閃你大燈或許是提醒你前方有警察杯杯在抓超速；按你喇叭或許是他車上有即將臨盆的孕婦；嘲笑謾罵或許是他的壓力大到需要找人宣洩；挑釁或許是因爲他需要靠外部爭端來轉移內部爆雷的注意力。如果上面這些設想都不是，對方就是無聊，那麼你花費精神跟無聊的人認真，你不是也很無

第十八章
神性障礙

聊？

　　很多人一旦憤怒起來就理智斷了線，忘記自己有「神性」這些工具，等理智回復才懊悔自己太衝動，做出錯誤的決定，別人按你一聲喇叭，你就把人逼車，你想教訓那個不長眼的傢伙，他也想教訓你這個危險駕駛，所以武力強的一方就是真理的一方嗎？吠比較大聲的就是正義嗎？

　　不要讓你的憤怒只是憤怒，鍋爐裡的蒸汽能推動整列火車，要將憤怒轉換成動能並且不失去理智，沒有必要為了一個不重要的人、不相干的事去毀掉自己最重要的人生，同一個事件絕對有十種以上的處理方式，在不同的互動情境下可以產生上百種結局，這個世界是讓你來體驗、讓你來遊玩的，選擇一種你認為「神」會怎麼轉化憤怒的處理方式，你可以讓憤怒成為你的「生氣」而不是「生氣氣」，是你在掌控憤怒，不是憤怒在操控你，這是「神」一輩子的功課，也是做一個「神」的樂趣。

盲從

　　其實「盲從」這兩個字的說法也是有點矛盾，有主客觀的認知差異，你說他盲從，他認為他是經過思考的；你跟他說你被騙了，他說是你自己不瞭解。

　　確實也是，這是個很好的問題，在我們糾正別人「盲從」時，難道自己就「不盲從」、「是清醒」的嗎？

　　當你支持A政黨時，正直景仰的B政黨支持者會質疑你怎麼會去支持一個腐敗的政黨；當你支持B政黨時，理性淵博的A政黨支持者會細數B政黨是多麼的無能；當你想中立的時候，他們會說：「你沒有自己的主見嗎？」或是「你只顧自己歲月靜好嗎？」

很正常啦！每一個思想、價值、理念都有其支持者，因為每一種理念都有他的「正義」和「眞理」，總有一種理念會吸引到你，或者說你會被迫選擇一個你比較不那麼討厭的理念來迎合這個社會。

先說一下「盲從」也不全然是壞事，總是會有一點機率和運氣讓你跟到不錯的「領導」、「老闆」、「伴侶」或「潮流」，而且不用花精神去煩惱怎麼做決定，想控制你的人自然會指示你怎麼做。

只是這個世界你來都來了，你只想隨波逐流或跟風嗎？你只想成就別人而不想成就自己嗎？你不就是來找尋人生意義的嗎？你要閒置你的「神性」而去遵從別人的「神性」嗎？

你能遵從到別人的「神性」還算幸運的，萬一你遵從到的只是「人性」呢？

人性是本善，但人性也貪婪，未近名、利、色、欲時，人人都是聖賢，滿嘴仁義道德，你所追隨的領導人、精神領袖、教主、大哥、高僧、偶像……乃至你的另一半，你是否只看到被「刻意展現」的那一面？只看到被「挑選剪輯」的片段？你所見的都只是「表演」嗎？你能分辨「言行合一」或「詐騙」嗎？

呵呵！心魔也不能分辨。

心魔只知道金光黨詐騙的原理，利用人性貪婪、善良、恐懼和無知，所以不是你不貪就不會被騙，當有心人要騙你時，道具、工具、話術和演技早就準備好了，他們會建構看似合理的背景環境，阻斷你正常的判斷邏輯，這樣形容是不是太籠統？唉！講具體的既傷人又顯得憤世，憤青當不了還只能當憤老。

舉例……，只是舉例，沒有要針對誰，不要對號入座。

宗教教義倡導和平、博愛兼容，可是打起仗來毫不手軟，因爲自己是「神」的陣營，別人是「魔鬼」的陣營，自己是消滅「法西斯」的「特殊軍事行動」？所以斬妖除魔、除惡務盡是神聖光榮的使命……|||，爲了上天堂而誅殺異己這樣還不是「盲從」嗎？只會累積仇恨吧！

　　政客高喊「愛國家」、「愛人民」、「愛鄉土」，是的心魔相信，也相信他們更愛「包工程」、「變更土地」、「開人頭公司及人頭帳戶」、「收財團公會政治獻金」、「關說」、「表演」……，愛不愛人民、愛不愛鄉土應該是要看他的實際作爲吧！有沒有督促政府的行政效率及預算編列？有沒有爲人民伸張正義與爭取福利？有沒有精實問政專業？有沒有政治家的理想與初心？不要因爲他是你支持的政黨你就一概接受，他一喊「愛XX」你就興奮，那就眞的是「盲從」了；

　　得道的高僧、法師需要響亮的名號、宏偉的禪寺、華麗的道場和不計其數的香油錢來襯托他們的道行嗎？這些是得道者想要的嗎？心魔就好奇他們是得了什麼「道」，自己高高在上，然後信徒分階分級，引導信徒愚昧？信徒有罪？心魔也是醉了（沒喝哦），蒙蔽信徒的「神性」讓信徒「盲從」以成就他自己認爲的「功德」，心魔認爲這樣並不「厚道」。不過回過頭來想，信徒眞的愚昧，自己是神卻奉人爲神；信徒眞的有罪，把錢以會費、功德捐、贖罪券之類的名義捐給所謂得道者是要測試人家的「道」是眞的還是假的嗎？還是要引誘得道者的心「住名」又「住利」？有罪！

　　開開玩笑，有罪無罪不由我這個心魔來判，要不然心魔也變神棍了。是否有罪要問問你自己的心魔。

你終究是神，
因爲你是我的永生

壓抑

這個「神性障礙」幾乎每個人都有，不過大部分的人都是輕症，能夠自我調適，反而智能內鎖（俗稱智能不足，但心魔不這麼認爲，除非是傷病引起的障礙）沒有這個問題，而且狹義來說是從人類有了文字之後這個「壓抑」的現象就開始明顯；廣義是指自有人類就有「壓抑」，因爲「自尋煩惱」是人類的特質。

現代人的後天精神疾病或說文明病大部分都是來自「壓抑」，白話一點就是「自我忍耐過度」，這也是很不得已，在文明社會要講「禮貌」，想放屁怕失禮所以忍住不放，長此以往，壓抑放屁也連帶壓抑便意，大腸蠕動失調，便祕、腹瀉、激躁症和痔瘡等就是「講禮貌」的代價，最好是你心目中的天菜、女神都不會放屁；噴嚏不敢打、咳嗽不敢咳，尤其在新冠疫情期間，打噴嚏或咳嗽都會招來異樣的眼光，所以就是忍，或者是去藥房買成藥來止咳，但打噴嚏、咳嗽都是身體免疫功能排鼻涕、排痰的自然反應，當然有部分是過敏反應，但一直壓抑會造成免疫反應的混亂，甚至是原本要釋放的咳嗽及噴嚏因爲手摀住嘴巴而造成壓力回灌胸腔，這種「內功」只有人類會，所以有「內傷」也是很正常的。

前面這些壓抑還不致於造成「神性障礙」，比較嚴重會阻斷「神性」的壓抑行爲是「猜疑」、「自卑」和「絕望」。

「猜疑」也還算輕症，嚴重的就變成「被害妄想症」，無法建立對人的信任基礎，「人人都想害我」、「接近我都是有目的的」、「你們都在背後說我壞話」……，有嚴重的不安全感，說實話，這樣活著超痛苦，過度壓抑自己的情感，不願付出也不願接納「愛」，自然就看不到這個世界的美好，一旦成爲病症就很難治療，只有「自發的愛」才是解方。

「自卑」算是一種很冤枉的「神性障礙」，總是看到別人有多好有多強，會賺錢又受歡迎，而自己都比不上人家……，冤枉的地方是在人類把優點給制式化，好像要得到大眾認同的才是優點，盲目地在自己的弱勢項目裡轉圈圈，而不去尋找、開發並專精自己的強項，自己壓抑並打擊自己的信心，別人的否定還不可怕，最可怕的就是自己否定自己，拜託幫個忙，不要否定「我」，你已經活過不知多少個「我」，未來還有無盡的「我」在等你實現「永生」，所有的精采都是由「我」所創造出來的，「我」就是來創造意想不到的美好，「我」只需要得到「我」的認可就能得到「圓滿」，你可以謙虛，自卑就不必了，你不就是怕出糗，「害怕」才是你自卑的根因。

「絕望」……？你對什麼絕望？對事業？對愛情？對人生？基本上真正絕望的人也不會看這本書了。心魔也跟每個人一樣，對某些層面絕望，但正確的講法是對於「絕望」最好的方法就是「耐心等待」並「暫且擱置」或「忽略」，時間是最有趣的「變數」，你可以去問問每個走過「絕望」的前輩，哪一個不辛酸？哪一個不苦楚？但「時間」會讓你重新認識「一切」，並且讓你成為「前輩」，到時可別各嗇分享給你的「後輩」。因為**「背對絕望」**，到處都是**「希望」**。

【第86道檢視】

年紀大了常常忘東忘西，是否是神性障礙的開始？

A. 是，腦部跟其他內臟一樣也會功能退化，退化時會致使無法隨心所欲自由自在地做決策，無法發揮神性；

B. 健忘不是老人專利，工作忙碌也會有疏忽遺忘，要看是「忘記了」還是「不記得」，後者才是神性障礙的開始；

C.「老年失智」或許是退化，或許是為了讓自己不要帶著「不

你終究是神，
因為你是我的永生

244

捨」離開，也或許是不想帶著「痛苦」離開，這或許是身體自我保護的機制；

D. 是不是神性障礙並不重要，重要的是他曾經綻放過、曾經燦爛過、曾經堅持自己的理想、曾經真實的擁有自己，「神性」只是這趟人生的「工具」，總有放下「工具」的時候；

E. 其他_____。

第一次檢視選擇	第二次檢視選擇	第三次檢視選擇

【第87道檢視】

如果有一天真的有能夠呼風喚雨、點石成金的外星人或「真神」降臨地球，我還是神嗎？我的神性還是神性嗎？

A. 打臉心魔「我」就是「神」的論述，趕快膜拜從天而降的「真神」，為其建廟，重新定義「神性」；

B. 我應該要為我的愚蠢懺悔，聽「真神」宏法，請「真神」懲罰假神之名為惡之人，將妖言惑眾的人消失；

C. 從天而降的真的是神嗎？如果他是來摧毀地球、消滅人類，那就不是「神」也不是「魔」，只是「侵略者」；

D. 如果外星人或「真神」占領地球消滅人類來繁衍他們的種族也不用擔心，現在的我死了，就會以新的「我」出現，也就是我會成為外星人或「真神」，「我」仍然是「神」；

E. 其他_____。

第一次檢視選擇	第二次檢視選擇	第三次檢視選擇

第十八章
神性障礙

【第88道檢視】

如果人類引發第三次世界大戰，恐怕就是「核彈對決」的相互毀滅，在核輻射下，還有「神性」可言嗎？

A. 生存都有困難了還討論什麼「神性」，生活需求與安全條件都出了問題，談精神層面太空泛虛假了；

B. 如果受到輻射感染，剛好用酗酒麻痺痛苦，用毒品脫離現實，既然「神」都不眷顧人類了，也不需要談「神性」了；

C. 在按下發射鍵時不考慮「神性」，引發毀滅只會有無盡的仇恨，講「神性」的一方注定要被消滅；

D. 不管是核彈還是生化武器，你所投彈的地方有可能是你摯愛的家人或朋友的下一個「新手村」，當然也有機會是你下一個重生的「新手村」，人類所創造的地獄當然是由人類來承擔，不管是良心譴責地獄或重生畸形地獄，下令者與按鍵者沒有一個跑得掉，「神性」將是人類最後的希望；

E. 其他_____。

第一次檢視選擇	第二次檢視選擇	第三次檢視選擇

【第89道檢視】

我也想作為一個「神」，但迫於生活壓力，常常要做出違反「神性」的決定，否則我會失去工作或是血本無歸或失去婚姻，我是不得已的，「神」會原諒我吧？

A. 老闆要我鑽法律漏洞做兩本帳，業界都是如此，我不做假帳表示是我沒有能力，所以盡心完成老闆交辦的工作也是「神性」；

B. 有一批食物原料過期了，丟掉太浪費，調味加重一點不但沒

人發現還頗受好評，所以珍惜過期食材加以利用也是「神性」；

C. 我情感豐富又受人歡迎所以外遇了，欺騙另一半說是去出差或加班是爲了保護婚姻，所以謊言也是一種「神性」；

D. 「神」一定會原諒我，因爲我就是「神」，我總是能找到理由（藉口）來原諒自己，我眞是太聰明了，只要法律抓不到我，我就是「眞神」無誤；

E. 人類做了那麼多的錯，所謂的「神」有出來懲罰人類嗎？我是「神」沒錯，但有更多「神」所制訂的法律會出來主持正義，有更多「神」茶餘飯後的輿論會教訓失德，「神」不談原不原諒，「神」只問你這些眞的是你想要的嗎；

F. 其他＿＿＿＿＿＿＿＿＿＿＿＿＿＿＿＿＿＿＿＿＿＿＿＿ 。

第一次檢視選擇	第二次檢視選擇	第三次檢視選擇

【第90道檢視】

如果我是「神」應該沒有痛覺才對啊？可是人類有各種疼痛，刀傷痛、燙傷痛、牙痛、頭痛、經痛、腸絞痛、分娩痛、骨折痛、心痛……，數不盡的痛，人怎麼可能會是「神」？

A. 「神」不會有痛覺？請哪位「神」現身分享一下；

B. 石頭沒有痛覺，機器人沒有痛覺，有生命的就會有痛覺，或者說有痛覺才是生命，除非「神」不是生命；

C. 「痛」都是來自「神經」，所以稱爲「神經痛」，「神經痛」也可解釋爲「神經歷痛苦」或「神也會經痛」或「神經過傷痛」或是「覺神的經典就是痛」，「神」就是來受苦的，所以我會痛代表我就是「神」；

第十八章
神性障礙

D. 有些痛是疏忽意外，有些痛是自作自受，有些痛是與生俱來，有些痛是惡習成疾，會痛才會知道要成長，會痛才知道要清醒，會痛才知道要覺悟，會痛才知道要珍惜，這些都是「神」走過的足跡、存在的證明，如果不知成長、不知清醒、不知覺悟也不知珍惜，那所有的痛都白痛了；

E. 其他＿＿＿＿＿＿＿＿＿＿＿＿＿＿＿＿＿＿＿＿＿＿＿＿＿＿。

第一次檢視選擇	第二次檢視選擇	第三次檢視選擇

魔

（警告，在本章開始之前，心魔一定要先跟你解釋清楚，「神」與「魔」都只是「工具」，「神」這個工具如果你還不熟悉，請不要接觸「魔」這個工具，你若無法隨心所欲地以「神」為解決方案，「魔」這個工具只會給你帶來更多的麻煩，先學好鋼琴上的白鍵，熟練了再加入黑鍵，所以請你先確認你自己就是「神」，確認「永生」在你的前方，「自由」與「智慧」就在你左右，「愛」在你身後做你的靠山，有此四柱做基礎才能將你拉回「神」的領域，並不是「魔」可怕，是怕你濫用而墮落，如果神性四柱的信念不夠，請就此打住，本章對你有害無益，不如坐在沙發上追追劇還比較有趣。）

科學家在討論「光」到底是「粒子」還是「波」的時候，好像沒有人考量「暗黑物質」對光的「量子傳遞」與「量子干涉」？提到「量子」是不是很高端很前衛，呵呵！心魔只是要說「光」與「暗」從來不是誰消滅誰，在「光」出現前，「暗」早已存在，所以「暗」在等待「光」，並且提供高速傳遞，讓「光」幾乎同時出現在遙遠的兩端。

如果「神」就是那個「光」，那麼「魔」就是那個「暗」。

回來講最禁忌的話題，在此之前心魔一直儘量避免去提到「魔」，是因為「魔」的刻板印象已經被根深蒂固在人類的

日常，「魔」是負面的、黑暗的、破壞的、邪惡的，並且是與「神」對立的，如果沒有稍微完整對「魔」的敍述將動輒得咎。

因爲心魔是「魔」所以要爲「魔」洗地、洗白嗎？

保持客觀，反正你都看到這裡了，再撐一下，看看心魔的瞎掰能不能觸動你的心魔。

在這裡先埋三個地雷：（看看就好，不用回答）

1. 有「惡魔」那麼有「善魔」嗎？還是「魔」都是惡的？
2. 「魔」字下面是鬼，是鬼比較恐怖還是人比較恐怖？
3. 如果這個世界沒有「魔」，人類的文明及文化還會存在嗎？

你應該聽過有人提問說兩個心愛的人同時落水你要救哪一個？其實這種問題不用回答，一旦你開始思考，有了掙扎念頭，掙扎救誰捨誰的念頭，「魔」就起來了。

提問者只是想知道自己在受問者心中的分量，並不是真正關心會不會被救，卻陷害受問者起「魔」念。

「魔」到底是什麼？是「神」的對立面嗎？

「龍」在中國是吉祥的；在西方是邪惡的。

「六芒星」（大衛星）是猶太人神聖的標誌；在基督教則是惡魔的標誌。

「十字架」是古刑具；卻也是基督教的聖物。

異族入侵殺我族人三十萬，凡異族及其後人皆爲惡魔；而同族相殘三百萬人歿，領導者被奉若神主。

你的「神」可能就是他人的「魔」；他人的「神」可能就是你的「魔」。

你終究是神，
因為你是我的永生

所以「神」與「魔」是同時存在的嗎？

投放在日本的三顆原子彈對廣島和長崎的平民來說是「魔」無誤；但對受侵略者來說是「神」的救援。三顆？第三顆在哪裡？不管是用來測試的「小玩意」還是待命的「惡魔核心」，真正的第三顆早已投放在你我的心裡，不是「小男孩」也不是「胖子」，而是叫……「恐懼」，這就是「魔」的威力。

見貧困而發悲憫心資助無疑是「神性」，沒有受害人所以不存在「魔性」。除非救助的目的是爲了「名聲」，那便是起了「魔心」，所以才說求功德實無功德。

以上這些都是目前人類對於「魔」的看法，對心魔來說，與「神」對立的，不是「魔」，正是「人」。

不要急著撕毀這本書，請先確認你已經付了費。

要誣蔑「人」並且洗白「魔」並不難，「人」做的壞事太多了，舉那些戰爭的例子對「人」並不公平，因爲大部分的人都是善良的。

要知道真理就要窮究事件的本質，讓我們以最小而且是最偉大的生命體—「細胞」來驗證「神」與「魔」的互補。

除了宇宙大爆炸，沒有比細胞的複製分裂更神的機制了。更神的是細胞會自行死亡，爲的是讓新細胞再生，如果細胞不死就會變成死皮、腫瘤，甚至癌細胞就是變異的不死細胞，這些癌細胞掠奪正常細胞的養分資源，並且不斷複製分裂更多不死的癌細胞，但正常細胞會死，在沒有外力的干擾下，癌細胞的增生會隨著血液流竄並破壞臟器的功能而致人於死。所以癌細胞存在的終極目的就是協助「神」消滅活太久的物種。在古

第十九章
魔

代很少聽到人類死於癌症，因爲大多死於戰爭、傳染病、飢荒和敗血併發症，平均年齡大約50歲，相較現代人平均壽命80歲，死於癌症自然不足爲奇。

當然因爲環境污染、工作壓力、快速步調（大象和鯨魚細胞分裂慢，複製過程就不易出錯）等因素致使癌細胞活躍的現象越來越年輕化，也由此可知，從你一出生癌細胞就已經在你身上，當然正確的講法是細胞突變基因是與生俱來的，再來就只是細胞轉變的或然率，又或者說如果人類能活到200歲，那麼癌症的發生就是必然，只是人類可以透過醫療行爲來消滅癌細胞。

請你想像一下，如果人類平均壽命到200歲，而且還可以靠著整型美容及化妝讓人看起來像二、三十歲，然後滿街有一半以上百來歲這樣的人……，那畫面太美我不敢看。

癌細胞是必要之惡，這就是「魔」；細胞、巨噬細胞、T細胞……等都是「神」，是必要之善。但如果只有善而沒有惡，會像車子只有油門而沒有刹車，反而會成爲浩劫。

甚至你會發現不少癌友會跟你說「與癌爲友」，因爲你一定是某種行爲偏差或習慣錯誤或環境改變致使你體內的癌細胞出來警告你，只是你一直不去理會疲倦、疼痛乃至於出血的警示，你要責怪癌細胞這個「魔」嗎？

人類卻一直在研究癌細胞的標靶打擊藥物，哪一天真的研發並量產出全能的癌症標靶藥物，人類是不是就開始肆無忌憚的過載消耗自己的身體？也不用擔心核幅射？反正有藥物可以治療。所以一直在跟「神」作對的不就是「人」嗎？

人定勝天？可以的，因爲「人」本質是「神」，「神」總是能創造無限可能，勝天並不難，人類對於氣象的掌控已經越來越精準，難的是人類戰勝不了貪婪的非必要之惡—「惡

魔」。

　　核子武器就是非必要之惡，生化武器也是非必要之惡，侵略屠殺是非必要之惡，獨裁專制是非必要之惡，詐騙、驕傲、自卑、嫉妒（這兩個字用「女」字旁百分之百體現了人類性別歧視的醜陋，不也昭示了男性對女性的「嫉妒」）也都是非必要之惡，不要說「神」不會這麼做，「魔」也不屑這麼做，因為這些都是「自卑」的表現，沒有辦法以理服人、沒有辦法公平競爭、沒有辦法和平共榮、沒有辦法信任尊重、自以為是、目中無人，看起來像是高上優越，其實只是用來掩飾內心的空虛脆弱，「人」自己內心無能，別把「魔」拖下水，「魔」沒這麼掉漆。

　　這麼說好了，有一些「神」做不到的正義與真理，必需仰賴「魔」來完成……，心魔想就此打住不再舉例，因為心魔不能幫誰背書，也不想被斷章取義。

　　請你記得「神」要先「正」才能探索「魔」，不要自己走火入「魔」才要賴給心魔，「魔」並不是人生必修課程，「神」才是你愉悅的歸鄉，所以請專注在你的「神」，「神」能成為你的「工具」，「魔」也能成為你的「工具」，切記，是你在支配「工具」，而不是「工具」在支配你。

【第91道檢視】

死刑是必要之惡？還是非必要之惡？

A. 殺人償命，血債血償，除惡務盡，所以死刑是必要之惡，以慰受害者家屬並彰公理正義；

B. 拿我的稅金養罪犯是非必要之善；

C. 政府幫罪大惡極之人以死解脫再入輪迴，這是必要之善；

D. 當死不足懼、當死是解脫、當死得寬恕、當死得永生，死刑

後不用再懺悔、不用再贖罪，死刑成爲一種仁慈，所以死刑是非必要之惡；

E. 幻想爲惡之人死後下地獄、入畜牲道、永不超生都是人欺己欺、自欺欺人的一廂情願或說自我安慰，生命不是等價兌換，仇恨與報復不是你的神性，更不是魔性，神會選擇寬恕以得到心靈的救贖；魔會選擇殆其心志、令不覺不悟；而人會選擇死刑正法；

F. 其他_____。

第一次檢視選擇	第二次檢視選擇	第三次檢視選擇

【第92道檢視】

生活中與人互動總有摩擦衝突，不免心生邪惡念頭，這是魔性湧動嗎？

A. 邪惡念頭是人性使然，動物的本能，沒有魔性的動物只剩下被圈養待宰的豬雞牛羊；

B. 邪惡念頭就是惡魔的種子，這顆種子能被偏見、歧視和仇恨灌溉，一旦深根茁壯，靈魂腐蝕，便任人擺布，例如國家戰爭、種族仇恨；

C. 邪惡念頭就是惡魔的火種，這顆火種能夠點燃衝動、忿怒和貪婪，瞬間星火燎原，獸性縱放，失去自我，例如恃強凌弱、挑釁傷害；

D. 忿怒以致犯錯，衝動以致釀禍，貪婪以致墮落，這都是人性，魔性並不代表盲目愚蠢，也不代表逞兇鬥狠，更不是迷失忘本，魔性是有別於神性光明的作風，是深沉的、計劃的、衡量過的「理性解決方案暗黑版」；

E. 其他_____。

第一次檢視選擇	第二次檢視選擇	第三次檢視選擇

【第93道檢視】

魔的存在價值爲何？

A. 模擬小人之心，預測可能傷害，以防範未然，是魔也；

B. 商場、戰場、情場、棋局等，請君入甕的計謀或明修棧道暗渡陳倉的心理攻防，皆魔也；

C. 精心策劃出奇不意的驚喜不也是暗著來的，魔也；

D. 有唱白臉的當然也要有唱黑臉的，戲劇才有張力，不魔編不了劇，不魔演不了戲；

E. 是「我」擋住光的前進，所以暗便產生，「我」存在是爲了追求光明，但有陰影才讓「我」立體；

F. 其他_____。

第一次檢視選擇	第二次檢視選擇	第三次檢視選擇

【第94道檢視】

是不是神存在則魔存在？神與魔的關係爲何？

A. 神與魔的關係就像善與惡的關係，相生相隨，共伴共生；

B. 神與魔的關係就像陰與陽的關係，孤陰不長，獨陽不生；

C. 神與魔的關係就像虛與實的關係，若有似無，若無似有；

D. 神與魔的關係就像日與夜的關係，日夜相繼，各司其職；

E. 神與魔的關係就像0與1的關係，相輔相成，變化萬千；

第十九章
魔

F. 神爲魔之基，魔爲神之本，神魔由「我」集大成，大千世界由「我」創造，眞理永恆由「我」傳承；

G. 其他＿＿＿＿＿＿＿＿＿＿＿＿＿＿＿＿＿＿＿＿＿。

第一次檢視選擇	第二次檢視選擇	第三次檢視選擇

【第95道檢視】

神有善惡之分嗎？魔有善惡之分嗎？

A. 神必善，魔必惡，所以心鏡要勤拂拭，莫使惹塵埃；

B. 瘟神不就惡嗎？魔讓惡人走向自毀不就是善嗎？

C. 我的神是他人的魔，我的魔是他人的神，所以我的善可能是他人的惡，我的惡可能是他人的善；

D. 神魔不爲善惡而存在，神魔都只是工具，執工具者爲「我」，所以善惡是由「我」決定；

E. 其他＿＿＿＿＿＿＿＿＿＿＿＿＿＿＿＿＿＿＿。

第一次檢視選擇	第二次檢視選擇	第三次檢視選擇

你終究是神，
因為你是我的永生

初夏公園發呆，放空在長椅上仰望天空，楓葉沙沙低語聲細，白雲卷卷千姿容易，群雀戲鬧追逐，老桂幽靜芳吐，……痴痴傻笑，想放空卻納了更多的空。

手裡的漫畫角色存在二維的紙上，所有角色的命運都掌控在畫家的手上；在三維空間的我能感受到顏色、遠近、左右、高低、溫度、氣味，甚至腦補眼前的生命是如何進行交流及展現生氣，而時間讓一幅幅的景象成為動畫，生命因此有了意義，這就是所謂的四維空間。

那麼會有一個五維空間的人或神來決定我的命運嗎？

神學家相信「神」是存在另一個人類無法跨越的空間，那應該是在五維空間或更高的維度空間。科學家/數學家可以用推論推到十一維空間，人類果然厲害，高維度空間的「神」會不會感到瑟瑟發抖？

當然不會，「神」用光速傳送一個黑洞來地球或是直接把太陽擠壓成一個黑洞或是再丟一個像讓恐龍滅絕的隕石……，所以「神」是因為害怕恐龍威脅到五維空間的「神」才把恐龍給滅了？還是「神」認為恐龍是失敗的作品而決定給「人」一個機會？

可怕嗎？更可怕的來了，如果這個章節開始你就很賞臉的融入心魔提供的想像，從公園、天空、空非空、各維度空間、地球、黑洞、恐懼想像空間……，這表示你在短短一分鐘

至少穿越了十個不同的空間，這裡面雖然有一些你未曾經歷的空間，但你自己會「腦補」，甚至你可能關聯或對比到屬於你自己的個人經歷，觸發你自己的「次級維度」和「超維學習空間」，你能開啟多少空間取決於你的知識、經驗、悟性（突破能力）和觸手（聯結能力）多寡，所以心魔才說每個人的「圓滿」都不會一樣，這也是這個世界能夠多采多姿的原因，如果人類都只是牧羊人看管的羊隻，那會是多麼無趣。

次級維度

如果人類被滅絕需要害怕嗎？

別擔心，「我」一定會存在，如果「我」不會存在，你連擔心的機會都沒有。地球的人類沒有了，你可能成為另一個星球的「人類」，或是貓或是狗，或是恐龍或是蟑螂。

以前的人都說貓狗有靈性，能看到人類看不到的「東西」，那就是另一個空間的存在囉，所以貓狗存在的維度比人類高嗎？

當蟑螂不好嗎？你把蟑螂帶到天堂他可能會嚇死，對他來說陰暗潮濕的水溝才是他的天堂，那邊還有無盡的Buffet可享用，你覺得蟑螂噁心，蟑螂看同伴可是當成美食，殷殷期盼，每天看著同伴什麼時候遇害掛點，像不像等著分遺產的人類，生命充滿了希望與期待。

所以在哪個維度、哪個空間其實本質上差異不大，能適應的自然就能活下來，再來就是你想用什麼樣的方式生存？你想得到什麼？你在這趟旅程愉快嗎？你為下一個「我」創造什麼環境或是留下什麼訊息嗎？

蟑螂看到拖鞋是不是相當於五維空間的「神」跨界打擊？

開開玩笑，當蟑螂終究是不好，他就只喜歡吃和生，只活

你終究是神，
因為你是我的永生

在一種維度，不像你，在這三分鐘就從天堂到地獄走了一遍，並且你會創屬於你自己的天堂，這個就是「次級維度」。

　　一般的動物無法感受這種維度，因爲這需要理解力和想像力，你一定要有足夠的共同語言或文字來理解別人的形容或是建構自己的想法，如果有共同的經驗那麼你的經驗空間自然就被呼叫並釋放該經驗的歷程與感受。

　　你看了一本科幻小說或是看了一部愛情電影或是向人分享十年前拔牙的經驗，這些看起來是二維的、平面的故事或記憶，如果你會緊張、亢奮、難過、感動之類的感覺，表示你的大腦已經自然的建立了身歷其境、感同身受的「次級空間」，你的精神在「次級空間」之中就是你身處在「次級維度」。

　　這裡的「次級」並不是「次級品」那種不好的、負面的意思，而是指引導的、假借的、虛擬的、鏡像的、客觀的、重建的（Rebuild/Muti-Rebuild），屬於非直接主觀的肉身存在空間都稱爲「次級空間」，你投入那個空間之後空間就有了意義，是屬於你私人的，可以稱爲「記憶」或「精神」或是「神聖不可侵犯的聖地」，那都是「次級維度」。

　　不要覺得很玄，看看科學家的論述你就會知道眞正多維的空間就在大腦裡。

超維學習空間

　　五維空間、六維空間……到十一維空間，甚至還有人畫出二十六維空間的圖形，那太難了，心魔沒有那個理解力，心魔只知道地球空間的三個維度及時間軸都是以感觀上的直線方式延伸，要實現五維及五維以上的空間就必需做軸線的折疊或扭曲，這還不難理解，例如你走在地球的赤道上朝著直線前進，最後你會發現回到原點，所以才說是感觀上的直線而不是空間

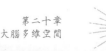

第二十章
大腦多維空間

上的直線，如果你的腳長到十步就能繞完地球一圈，那麼你就可以清楚的知道你走的是方向上的直線而非空間象限上的直線。

因此地球乃至於太陽系都只能稱作三維空間，實體的物件不能被扭曲，尤其地球不能讓你扭曲，一扭曲就碎了，所以能實現空間上的扭曲目前只有黑洞和人的大腦神經元。

黑洞是質量和重力太大，連光都會被彎曲；

人的大腦有近千億個神經元，並不是指神經元是扭曲的，而是傳送、組譯、搜尋、比對、解譯及儲存的運作方式是扭曲的，直線傳輸無法適用在密集的神經元裡，三維空間無法滿足百分之一秒的千萬個神經元同時運作的判讀、解譯，現實蟲洞的存在就在大腦裡。

心魔知道你很難理解，因為這種想像不是你習慣性的生活經驗，那就舉個你應該經歷過的生活例子來說好了。

你走在路上，聽到砰的一聲，就在這一秒，你知道你的大腦做了哪些事嗎？

1. 耳朵接受到聲音傳送到大腦，負責處理聲音的神經元先從音量大小來反應要發送訊息的強度，如果是巨大聲響可能就觸發整個管理聲音的神經叢過敏反應以刺激大腦通知肌肉神經做本能的防衛警覺，此時會切斷其他大腦運作，以計算危難事件優先。

2. 但如果這個聲音並不大到需要做危難處理，那麼就開始讓神經元計算聲音的距離遠近與方向供大腦研判是否有威脅性。

3. 此時神經元還會去大腦皮層比對過往的聲音資料庫，如果音頻相同表示是聽過的則直接喚醒相關的記憶區，如果音頻「特性」比對不到，則在海馬體及大腦皮層重建

經驗庫（但需要後續物件相關聯才能建立）。

4. 如果音頻有比對到，負責傳導皮層記憶的神經元被喚醒，則連結相關處理經驗的運動神經元，再根據當下所有環境的參數做綜合反應，例如比對到一聲槍響，你會依據個人狀態反應躲避、逃跑、保護家人、拔槍（如果你有的話）或其他。

5. 這個聲音雖然是大腦的「模糊比對」，但你總是能分辨出這個砰的一聲是輪胎爆胎或鞭炮聲或機車排氣管放屁或其他，而且是立刻就知道，這表示這個經驗在過去被寫入大腦皮層，這也意味著你這次的經驗也會再次被寫入大腦，它會再交由大腦去計算這個經驗有沒有意義，需不需要長期保留？需不需要存放在常用的快速存取區？

　　真是不好意思，上面這個例子只是心魔依據生活經驗及網路資料綜合整理出來的推論，如果你很認真的看完，心魔非常感謝你，你真的是一個好人，心魔有責任讓你知道你更是一個好「神」。

　　因為你看得懂這些字、這些詞並且部分或全部理解心魔要表達的內容，不管心魔的推論正不正確，你在閱讀的當下已經透過你的大腦神經元建立了「鏡像」，這個「鏡像」並不是一個平面，而是集結數十至上百個記憶空間再重建的一個記憶空間，這個記憶空間並沒有變大，也沒有被壓縮，它就是由數十個至上百個空間扭曲成為一個空間的「鏡像」，這個「鏡像」對照你相關舊有經驗的「鏡像」可能產生衝突，你自動會去計算哪個「鏡像」為真，你有可能由此又產生了數十個（Muti-Rebuild）「鏡像」，又或者是你比對了自己的經驗庫後產生

了一個想吐槽心魔的「鏡像」，每一個「鏡像」都包含超過十個維度的空間，因為光是「神經元」這個辭彙就包含了~

詞庫維度：看不懂文字就無法進入這個維度。

認知維度：看到這個字你會對應到認知的事或物。

幻想維度：有一些描述你根本沒看過，只能用想像。

關聯維度：可與該辭彙相聯結的辭彙總合。

排列維度：包含字位於詞、詞位於句、句位於文的排列。

應用維度：辭彙屬性適用範疇。

專科維度：每一門專科都是一個維度，如生物、金融、科技……等。

另外~

分辨維度：你能分辨「扭曲」和「歌曲」的「曲」不一樣，你也會知道「狼父」並不是「狼」之「父」之類的分辨。

推算維度：「鏡像」和「模糊比對」都是個人推論出來的，不以自己或他人經驗參考。

預測維度：反應躲避、逃跑、保護家人是以自己或他人經驗參考預測。

堆疊維度：只是一個瞬間聲音，你能從多個不同的角度去觀察並陳述或理解，目的是將單一事件給豐富化、立體化。

其他的章節也應用到隱喻、藏頭、意境、象徵、反諷、雙關、排比等維度，其他小說還會有假意、引諭、情緒、曖昧、投射……等等等的維度，所有前述的這些維度都不是普通動物如貓、狗、烏鴉、黑猩猩和海豚等所能體認或理解的，更無法將這些維度融會貫通，然而這些你早已熟練到忘了這些維度的存在，例如你會指桑罵槐、你會整理資料並做報告、你能記得第一個客人點了陽春麵加蛋不加蔥，第二個客人點了大滷麵大

碗少鹽多醋，第三個客人點了海鮮燴飯飯多不要蝦，而且你都會記得老客人的飲食習慣並且給清貧的小孩加麵加蛋還少算一個銅板，你的大腦非常精明，精明到你會故意犯一些可愛的錯誤，再搭配一些智障的演技……，有人教你嗎？

你所有的學習和經驗是固定的，是死板的，但為什麼你能舉一反三？或說見一生三？為什麼你能故意違反常規？因為你的大腦一直不斷地在學習，能因應不同的環境、情境自由變化反應，這些都有人教你嗎？

進入社會後你會發現學校教的大部分都派不上用場，但你總是在不知不覺中不斷的在學習，即使只是滑滑手機追追劇，你的大腦一直在吸收資訊並依自己的思想重建「鏡像」，甚至自建「幻想」、「夢想」的「鏡像」，這些「鏡像」就存在一個又一個的「空間」之中，你不知道它存放在哪裡，但當你要應用或分享時，它總是能立刻就Pop出來，你要說你不是「神」，心魔也只能呵呵苦笑了。

你早就在應用多維乃至超維空間的轉換及穿越，因為～～

你是「我」的繼承者；

你是「我」的永生；

那你只能是「神」。

【第96道檢視】

大腦裡面真的有多維乃至超維空間嗎？沒感覺啊！

A. 沒有的，就像我不覺得有人會真心愛我；

B. 沒有的，我只被困在傷痛的空間走不出去；

C. 心魔講的是唯心論，心智認為有就是有；

D. 心魔講的是形上學，超維空間是他自己形而上的推論；

E. 我對甲很恭敬，對乙不客氣，對丙很溫柔，看電影一下子哭

第二十章
大腦多維空間

一下子笑，不是我人格分裂，而是我的大腦能馬上投射出差異場景讓我在不同的空間應對環境，至於幾維空間本來就是感覺出來的，而不是有空間才有感覺；

F. 其他＿＿＿＿＿＿＿＿＿＿＿＿＿＿＿＿＿＿＿＿＿＿＿。

第一次檢視選擇	第二次檢視選擇	第三次檢視選擇

【第97道檢視】

大腦裡面有沒有「平行時空」？

A. 沒有，所謂「平行時空」是因為差異決定而造成有別於現行時空的另一種環境，大腦儲存的都是既成事實的記錄，所以不會有其他「平行時空」；

B. 沒有，「平行時空」只是一種理論，不論在宇宙中或大腦都無法成立，因為要切分時空的單位是天？是分？是秒？或是差異決定？又每個人如果都有各自無盡的「平行時空」，那不就每個人都是活在自己的世界；

C. 沒有，因為如果宇宙有「平行時空」則會造成空間錯置與時空重疊，大腦如果有「平行時空」則會造成精神錯亂或認知錯誤；

D. 有，綜合前三點即得證；

E. 其他＿＿＿＿＿＿＿＿＿＿＿＿＿＿＿＿＿＿＿＿＿＿＿。

第一次檢視選擇	第二次檢視選擇	第三次檢視選擇

你終究是神，
因為你是我的永生

【第98道檢視】

如何證明大腦裡有多維空間？

A. 《哈利波特》小說的內容是杜撰的，作家羅琳必需建構角色、角色關係、角色特性、背景環境、文字編排、人性衝擊、魔法想像……，重點是我知道都是假的，但是我接受了；

B. 考試的時候我要理解題意，進而從記憶提取答案，這答案可能是背誦的、關鍵字連結、圖像連結、邏輯推導、公式運算乃至個人思想，即使是猜測也要用到主觀意識判斷；

C. 我總是能想起某人給我的溫暖、某人給我的傷痛，這不單是記憶，它可能是各種情緒的總合，喜怒哀樂、酸甜苦辣，除非失憶，否則它總是能以超立體的方式出現在腦海；

D. 剖開大腦，裡面找不到任何一個文字或任何一個圖像，卻容得下萬千世界的資訊，並允許不同層面的資訊相互串聯應用乃至於奇想或創造，這不是單一線性或單一面向或單一空間所能處理的，而且所有記憶都是活的，是隨時在各個神經元接力流動的，睡眠中做夢就是最好的例子；

E. 其他＿＿＿＿＿＿＿＿＿＿＿＿＿＿＿＿＿＿＿＿。

第一次檢視選擇	第二次檢視選擇	第三次檢視選擇

【第99道檢視】

「神」能夠穿越時空嗎？未來的人類可以穿越時空嗎？

A. 神可以，人不行，因為神無所不能；

B. 人可以，神不行，因為神只會順其自然，不會破壞必然；

C. 都不行，依理論必需讓時空重疊才能實現穿越，但時空一旦

第二十章
大腦多維空間

彎曲重疊則表示所有實物都會扭曲甚至裂解，此現象將無法存在生物，神也無法存在；

D. 都可以，「我」一直在這麼做；

E. 其他＿＿＿＿＿＿＿＿＿＿＿＿＿＿＿＿＿＿＿＿。

第一次檢視選擇	第二次檢視選擇	第三次檢視選擇

【第100道檢視】

（自己想一個吧！或是創造自己的100個檢視。）

目的地到了，請解開安全帶，你自由了。

你終究是神，
因為你是我的永生

國家圖書館出版品預行編目資料

你終究是神，因爲你是我的永生／心魔著. --初
版.--臺中市：白象文化事業有限公司，2023.2
　　面；　公分
ISBN 978-626-7253-04-5（平裝）
1.CST: 批判哲學
143.35　　　　　　　　　　　111019628

你終究是神，因爲你是我的永生

作　　者　心魔
校　　對　心魔
發 行 人　張輝潭
出版發行　白象文化事業有限公司
　　　　　412台中市大里區科技路1號8樓之2（台中軟體園區）
　　　　　出版專線：（04）2496-5995　　傳眞：（04）2496-9901
　　　　　401台中市東區和平街228巷44號（經銷部）
　　　　　購書專線：（04）2220-8589　　傳眞：（04）2220-8505
專案主編　林榮威
出版編印　林榮威、陳逸儒、黃麗穎、水邊、陳婷婷、李婕
設計創意　張禮南、何佳諠
經紀企劃　張輝潭、徐錦淳、廖書湘
經銷推廣　李莉吟、莊博亞、劉育姍、林政泓
行銷宣傳　黃姿虹、沈若瑜
營運管理　林金郎、曾千熏
印　　刷　基盛印刷工場
初版一刷　2023年2月
定　　價　280元

白象文化　印書小舖　PressStore出版平台　出版・經銷・宣傳・設計
www.ElephantWhite.com.tw　f 自費出版的領導者　購書 白象文化生活館